U0038005

不只相愛，
也要努力走到幸福。

一角子

不只相愛，
也要努力走到幸福。

相愛了那麼多次，為什麼最後還是走不到幸福？

那是許多人的、也許也是妳心底的感嘆，否則妳也不會因為那些蛛絲馬跡而來到這裡。

妳一定用情很深，每一次妳都告誡自己，可是最後妳發現自己還是那麼投入了；每一次妳都幾乎確定那就是幸福，然後就在跟幸福「只差一步」的地方，還是不小心又摔倒了。

那份感情的開始，明明那麼美好的，親愛的，為什麼我們後來會走成這樣？

每一次當妳又很捨不得那份感情的時候，妳只能這樣無能為力地問自己。

也許是因為幸福真的很難，我們都太低估了幸福的路程。就像遠眺一個美麗的地標，我們覺得應該不遠，但那卻是直的距

離。直到我們開始那趟路程，我們才發現原來路會有曲折，每個曲折都是一個刻骨銘心的故事；每個曲折，我們都以為是幸福的到達，後來才發現那只是另一趟路程的起點。直到我們不再認為幸福只是一趟「路程」，幸福開始變成一趟「旅程」，即便如此，我們也不是一個稱職的旅人，我們拿得起卻放不下，還是會都已經告訴自己那是過去的風景了，卻還是會望著記憶裡的那一幕幕流淚⋯⋯

也許是因為我們真的太渴望幸福，所以才會錯看了「幸福」的海市蜃樓。那是妳當時那麼迷惑，後來卻那麼容易就看懂的，原來他真的無法給妳幸福。

這本書，寫的就是那一次次尋找「幸福」的曲折，和一趟趟好不容易的迷途知返。

這不是一本虛構的書，這是我自己和許多寫信來的讀者，一群人對愛的集體遭遇。妳很快就會明白這個說法，這是每一個曾經走進去、又走出來「愛」的人，很容易就可以互通的共鳴。因為那也是妳去過的風景，是妳走過的路，而我們總是要從別人的故事裡，從那句「啊！原來妳也是這樣啊！」的輕嘆裡，才終於冷靜下來，發現當時曾經那麼糾結的關卡、走不過去的路，其實

都可以有更好的做法或選擇。

　　妳從來都不是那個唯一要努力走向「幸福」的人。

　　我們都愛過許多次，都知道比起幸福的珍稀，相愛是真的比較容易。當我們越在那條尋找的路上發憤圖強，我們就越明白，其實每一個最後終於走到幸福的人，都不是僥倖。

　　我們也是在那一次次跟「幸福」的擦肩而過裡，才終於看懂了，原來幸福並不是花好月圓，也不是晴空萬里。真正的幸福，是妳很確定地知道就算有再大的風雨，他也總是在妳身旁。

　　是的，那就是我們那麼努力想要的，又平凡又珍貴的幸福。

　　如果妳要的不只是相愛，也要努力走到幸福，那就讓我們先學會分辨什麼只是愛的煙火，什麼才是指向幸福的恆星？

　　如果一個人的學會，總是那麼心痛又耗時，那就讓所有想走到幸福的人，聚在這裡，用大家蒐集的45個通往幸福的指標，一起畫出那張通往「幸福」的地圖。

那天我正在高鐵站等車，看見FB裡有一位讀者突然傳來的訊息：「角子，你實在太了解女人的想法了！又懂愛又有溫度，你真是女人們『文字的閨蜜』啊！」

　　我看著，忍不住在月台上笑出來，回想著過去這一年，已經那麼習慣對著FB裡突然冒出來的留言，思索著該如何回覆那一顆顆焦急地想要知道「幸福」在何方的心……場景可能在月台、超市、甚至在某個城市的十字路口，那些人問得那麼自然，我的回答也是；其實我們從未曾謀面，感覺卻好像我們已經認識很久了。

　　謝謝妳願意相信我，女人們「文字的閨蜜」，我很喜歡這個說法。

　　高鐵列車進站了，月台上的人開始騷動起來，每個人要去的地方都不一樣，而我們這一團要去的地方，叫做「幸福」。

　　妳要一起去嗎？

角子
10.11. 2016
台北

目　錄

1. 對的人，
就不會讓妳苦等

「角子，今天在書店無意間看到你的書，買回家後我整個晚上都停不下來，看完後覺得心中很多的疑問都得到了答案，謝謝你！」我看著FB傳來的訊息，我還在等這位網友的下一則訊息，通常這只是一個客套的開始。

「我跟一個人交往了一段時間，前陣子找他，他都跟我說很忙。上個月他跟我說想一個人靜一靜，但是我其實一直都還在等他。最近發訊息給他，都顯示『未讀』，我應該繼續等他嗎？」她的第二則訊息很快地進來了。

彷彿這是一個收藏著「等待」的秘密的收信匣，發訊息來這裡的人，有些直到現在也都還在等著……那是我們都似曾相識的感覺，那是我們都曾經為愛而等過的「那個人」。

「那個人」是妳的天敵，這個世界就是會有某一種人，那麼輕易就開啟了妳對幸福想像的開關，妳在想像裡馳騁著，用幾個大步就到達了幸福。我們總是隻身先到了那裡，才發現對方並沒有跟上來；我們總以為可以瀟灑離開，然後驚覺自己竟然已經開始等待。

　　妳不是沒有檢討過自己，妳真的沒有會錯意，妳在那場等待裡又重新細數了他曾經為愛留下的痕跡，那是當他終於牽起了妳的手，妳確定那就是愛要開始前進的表示。他沒有阻止妳，任憑妳把他的話聽成了承諾，毫無異議，妳也共同遵守了，妳覺得那就是每個相愛的人，都應該相對付出的誠意……妳在那場等待的孤寂裡，心痛地懷疑自己，究竟錯的是妳太珍重一份愛了，還是妳太容易「一廂情願」？錯的人明明是他，可是為什麼妳還是那麼想等他？而妳為什麼可以又同時懷疑，又同時相信，他一定會回來呢？

　　「角子，我應該再發訊息給他嗎？」她的第三則訊息進來了。

　　親愛的，如果妳真的會聽我的，那我會直接說「不要了」，但是等待中的人，總是從不聽勸，就好像當時苦等過的我們，也從來沒有人可以真的阻止過……

也只有等過了，才會真的明白，當時我們曾經苦苦等過的人，其實從來都不曾等過我們。

也只有等我們在那場等待中，從一開始的勇敢，到押上了自己全部的自尊，最後才孑然一身地發現，有許多愛的表示，其實都只是形式，一個看起來愛妳的人，不一定就有一顆真正愛妳的心。妳這才開始學會辨識，在相愛的過程裡，你們陸續會有一些「共識」，妳會看見愛的「共識」很多，它們有的很美，有的稍縱即逝，可是只有「一起努力」的共識，才會引領人們走向幸福。

至於那些我們曾經在等待中幫對方想像出來的各種藉口跟可能，後來我們才發現原來愛的道理真的如此容易而簡單：

對的人，就不會讓妳苦等。

是的，妳總會懂的，「等」從來都不應該是至苦的，那是當妳終於遇見了對的人，就算相隔千萬里，當妳仰望星辰，妳知道他也正在想念著妳；妳覺得幸福，甘之如飴，因為妳知道、妳確定，他的每一個時分、每一個動作，都正在努力朝向妳更靠近……

2. 那個能讓妳輕鬆自在的人，才能真的給妳幸福

　　妳很早就知道那個答案：「妳比較愛他」──從一開始就是這樣。可能是因為妳把感情看得比較重，總之妳承認，妳真的比較愛他，那是一個讓人有點傷心的答案，但妳無從辯駁，因為從許多方面看起來，你們之間就是那樣。

　　妳等他，因為妳的感情來得比較快，付出也比較大方，所以妳總是走在前面等他。妳一直很想問他，尤其是當妳覺得很寂寞的時候，他真的不知道妳在等他嗎？有沒有可能當妳又想到他的第一百次裡，他也正在想念著妳？而妳竟然連這樣的把握，都沒有。

　　妳仰望他，太深的愛，一不小心就變成了崇拜。妳希望他永遠都不要知道，妳是如何鉅細靡遺地想像過你們的幸福，想得越詳細妳就越看見自己的卑微，妳不喜歡自己那樣，妳不知道自己

究竟該討厭他還是喜歡他？每當妳真的要死心的時候，他就又會重新燃起妳的希望，妳在他又給妳的那團焰火裡溫暖著，忍不住啞然失笑，覺得自己真的是多想了，原來自己還是很棒的！然後很快地，在他又故態復萌的後來，懷疑自己究竟是在上一次的聚會裡，說錯了、還是做錯了什麼？妳每一次的快樂，都彷彿正在預言著下一次的痛苦；每當妳又因為他而覺得自己很好的時候，就預告著妳將又因為他而懷疑、甚至鄙視自己。

那是妳愛得很辛苦的一段記憶；那也是大多數的我們都曾經愛過的一個讓我們覺得「愛很難」的人。我們不懂那個人，不懂他如果不喜歡我們，又為什麼要給我們機會?! 於是我們把難題歸咎給「愛」，我們覺得愛很難，愛是千斤萬擔的承擔和辛苦。直到我們也成為一個旁觀者，直到我們真的目睹了另一個也愛得很難的人，我們才突然懂了那個殘酷的答案：其實，他沒有不喜歡妳，只是不夠喜歡妳而已。

妳這才懂了！真正的愛並沒有誰高誰低，也不應該是誰追隨著誰，更不必是誰要苦苦去留住誰……那是妳在多年後跟一個妳很喜歡他、而他也很喜歡妳的人一起走著，突然懂了的一種感覺，妳最應該找的並不是最快樂或最刺激，而是那個可以讓妳最輕鬆自在的人。妳不覺得高攀，更毋須仰望，兩個人可以喧譁嬉

鬧，也可以就像現在這樣靜靜地走著，不需要理由。

那是我們都曾經為愛付出過的代價，我們為愛付出最多的並不是青春，而是那段愛在後來還對我們繼續產生的影響，我們不再做同樣的事，不再相信同樣的話，甚至不敢再愛。後來我們才明白，即便是同樣的一條路，換了另一個人一起走，感覺也就完全不同。所以愛其實並沒有一定的規則，人對了，原先那些我們認為不對的，也都對了。

所以才更要慎選那個將跟妳一起走過的人。而終於走過那段辛苦的妳，現在已經會看了，能沒有壓力跟妳一起並肩走著的，才能跟妳一直走在同一條路上。那個能讓妳輕鬆自在的人，才能真的給妳幸福。

3. 看得見妳的「好」的人，才能給妳幸福

　　妳被拒絕了！雖然妳看起來很坦然，但妳承認自己還是有點難過。如果難過只是因為不適合，那我們復元的時間應該會比較短；但我們往往很難只是那麼想。我們最大的難過不是因為被拒絕，而是我們覺得一定是因為自己不夠好，所以才會被拒絕。

　　是因為我們不夠好，所以才不會幸福，對不對?! 那個疑問不斷糾纏著妳，那才是在感情裡被拒絕之後，最讓人揮之不去的夢魘。

　　所以，當我們終於遇見了一個很喜歡的人，雖然知道要觀望，但我們經常還是會因為那些小線索的鼓勵就出手了！我們很著急地想對對方好，希望對方可以盡快地感受到我們的好……最後，才在那場落空裡發現：原來我們對對方的「好」，跟對方

是不是真的覺得我們「好」，其實是兩回事；他是喜歡妳對他的好，還是喜歡妳，其實也完全不同。

或許是因為我們實在太渴望幸福，於是我們才會把喜歡的那個人，直接對等成幸福；或許是因為我們太害怕幸福會忘記我們，所以當我們遇見了那個喜歡的人，就只會看見他的好，而卑微地忘記，其實妳自己也很好。

也許妳真的很愛他，但那真的不是一場好的愛情，沒有人應該在一份愛裡，越愛越覺得自己不好；明明苦苦付出的人是妳，為什麼最後要承受那些不好的人，也還是妳？!

妳這才明白，一份感情的成立，如果只是單方看出對方的好，都很難長久。一份堅固的感情，一定是兩個人都覺得彼此很好，才會珍惜，才會互相，才會一直想繼續對彼此好。

「幸福」跟妳好不好無關；而是跟那個人能不能看見妳的「好」，才真正有關。感情裡的「好」，並不是用眼睛，而是要用「心」才能看見。他能不能用「心」看見妳的好呢？一個能用心去看見妳的好的人，一定也是一個跟妳一樣用心的人。

妳不會天生就好，妳一定是因為相信跟堅持，才會讓自己越來越好。天生的好，總是會隨著時間而消逝；只有堅持的好，才會積累，才是妳獨有的好。妳要先相信自己是好的，別人才會珍惜妳的好。妳一直知道，妳並不是在找一個認證妳的好的人；妳要的，一直是那個真正懂得欣賞妳的伴侶。

　　妳知道愛並不是選擇，不是他沒有選妳，妳就不好；愛是欣賞，看不見妳的好的人，就算他站在妳身邊，也很快就會離去。

　　於是妳也要開始只在意懂得妳的好的人，把妳珍貴的好，只留給那個識貨的人。努力付出，也理所當然地得到回報，愛情的道理本來就應該如此簡單：看得見妳的「好」的人，才能給妳幸福。

4. 不為了「一個人」而一個人，
　　也不再為了要「兩個人」而兩個人

　　下班時間到了，每個辦公室裡都會有幾個總是準時下班的同事，開始微微地騷動起來，他們可能是要急著趕回家……但大多數的年輕人，應該是急著去約會，他已經期待那個約會一整天，妳知道那種感覺，因為妳從前也曾經那樣。

　　現在的妳不急著走，不用跟誰交代今天會遲歸的理由，是的！妳現在是「一個人」，妳已經可以很自然地這樣回答。

　　華燈初上的台北，那是一天的即將結束，卻是許多故事正要開始……妳心中的那個故事卻早已落幕。那是一個「兩個人」的故事，那是每一個獨行的夜歸人心中都擁有的一個又甜蜜又傷心的故事，那個故事最後的甜蜜很虛幻，傷心比較真實，但都一樣難以脫離，我們都是努力了好久才終於回到現實。

究竟是多久了呢？妳已經不想再去計算時間，因為妳發現越計算就越忘不了……那是一條妳很熟悉的路，妳走過櫥窗和街景，走過那些回憶，走過每一個妳覺得自己應該又不一樣了的四季……妳發現自己已經越來越習慣「一個人」，這句話是真的發自肺腑，現在妳「一個人」也可以快樂得很徹底了！

　　那是妳在後來的那些「一個人」的行走裡，一步一步想通的。妳不算優，但起碼妳對感情總是說到做到，總是做的比說的多很多。那是妳的優點，也是缺點，妳只要愛上一個人，就一定會全心全意。是他不夠優，那是妳後來遇過的一些人，不懂妳的優點的，不能把妳放在心底的，妳就不要。

　　妳已經知道，感情的珍貴之處，不只是可遇不可求，不是妳終於遇見，就一定要奮不顧身。也還要他懂得珍惜，看得出妳的獨特，才能真的給妳幸福。

　　我們渴望愛的保護，卻在都還沒得到愛的遮蔽之前，就先被傷了一身。妳終於明白沒有人可以真的保護妳，是因為愛讓妳勇敢了，才讓妳可以勇敢面對挑戰。所以妳後來不會只愛上一個人，妳一定也要愛上他的心，是那顆願意對妳用心的心，才能成為妳最強的靠山跟後盾。

妳也絕對不會再用想像去愛一個人，妳一定是真的感受到了他的心，才會也交出自己的心。妳不會痴等，妳要的是一種明確，妳不要走到最後，才發現對方要的只是暫時的快樂，而不是長久的幸福。

　　妳不知道在這個城市像妳一樣雖然遲歸卻依然安心的女子多不多？就像妳此刻一樣隨興，經過了一間有趣的咖啡廳，那麼自然而然地，就推門進去了。

　　「我要桔子茶，還有外面照片上的那個鬆餅。」妳想試試，那是每一個寵愛自己的女人，信手拈來的冒險。妳會有自己斷定的標準，如果這是一間妳後來會常來的小咖啡廳，可能是因為茶香、鬆餅好吃，也可能只是因為它的沙發很舒服，剛剛好讓一個偶爾疲憊的靈魂，可以溫暖地窩一下。

　　是的，妳目前是「一個人」，妳很快樂，那是妳的選擇，妳沒有把命運交給誰，關於幸福的決定權，妳一直掌握在自己手裡。

　　也許，明天妳也可能就變成「兩個人」。但無論如何妳都會提醒自己，妳沒有為了要「一個人」而刻意一個人生活，也不再為了要「兩個人」而盲目地渴望兩個人，妳知道那些都是別人眼

中的數字，只有妳的人生和快樂，才是最真實的。

　　一個人，一顆心，妳就盡情讓自己快樂；兩個人，兩顆一樣的心，妳才會努力去經營幸福。

5. 不夠愛妳的，
都不是妳的真命天子

　　每段愛情的開始都一樣：我們都相信，自己一定會遇見真愛。可是後來在遇見真愛之前，我們會在愛裡遇見的事情很多，我們很容易遇見的第一件事情，就是我們真的很喜歡一個人，可是他並不喜歡我們。

　　那真的是一次很痛苦的經驗，妳說不清楚自己為什麼會那麼喜歡他的理由，就好像他也很難給妳一個馬上就徹底死心的說法。那是妳突然失去平衡的一段時光，你們幾乎沒有過程，可是妳一樣遺憾，妳最大的遺憾是自己，遺憾為什麼會沒有辦法讓他喜歡？妳最先開始找麻煩的是自己的外表，不管妳已經有多美麗，妳都可以找到破綻——那也是我們第一次，從別人眼中那麼嚴厲地批判自己。在我們根本還不是很清楚那個人的時候，只因為他直覺地用了「○」跟「×」的號碼牌，就讓我們灰頭土臉了

好長的一段時光。

後來，妳終於認識了一個人，這次妳對他的認識比較深，你們也的確有過一段好日子，妳一直以為當很多事情已經成為習慣，那件事情就會成為永遠；妳以為那條路會很長，可是他卻在某一天跟妳說：「寶貝，我們可不可以走到這裡就好？」妳在那次的傷痛裡，懷疑的不是自己，而是「愛」。妳怎麼懷念那段感情，妳就怎麼懷疑愛。妳最慶幸的是自己還是那麼努力地在黑暗中看見了一點光明，妳最後還是選擇，繼續相信愛。

有了幾次的經驗，妳覺得自己這次看得更清楚了，妳覺得自己好像選對了人……妳其實並不是太確定，自己究竟是遇見了更好的人，還是這些年來，妳已經逐漸學會降低「愛」的標準。妳總是會想到他，脆弱或快樂的時候，妳連吃到好吃的東西，都會想著要帶回去讓他嘗；可是妳發現他好像不是這樣，他不會總是想到妳，他要行有餘力才會想起妳……那是妳再度從別人身上看見了自己，一開始妳覺得自己是對的，到後來妳發現必須要調整自己，甚至要認為自己的全心全意可能是不正確的，因為只有這樣，妳才不會難過，這份愛也才有可能繼續走下去；又或者是這個世界的愛，到後來大部分也只能是如此呢？!妳開始這樣安慰自己，但即便妳找到了這個理由，妳還是覺得這份愛越來越空

乏，直到有一天妳突然發現有沒有這份愛，對妳來講也已經沒有太大的差別。妳這才突然發現，如果愛是一種「生活」，那妳在那場生活裡看見的應該是陽光，而不是拚命說服自己，其實生活裡也有很多灰暗。

現在，當妳又回到一個人，是的！那是我們最後還是終於的不肯妥協，如果一份愛真的不能讓我們更好，那我們又何必一定要苦苦去愛？！如果我們在一份愛裡所能看見的，都是自己的不好，那我們又何必要透過別人的眼睛看自己？！妳可以靠妳自己去看見自己，去看見妳真正的需要，什麼才是妳在一份愛裡真正需要得到的？妳一定要的，就勇敢去要；那些不但不能給妳，還會讓妳懷疑自己的人，妳就不要再浪費時間在那裡。

多年後，當妳又回到愛的起點，妳並不是孑然一身，妳這一路上關於愛的遊歷很多，妳見過很美的夕陽，吃過浪漫的雙人晚餐……享受過那些愛的美好的過程，妳隨時都可以再出發，妳會在「愛」裡學會的、看見的事情還有很多，只是妳現在知道了，其實我們最應該學會的第一件事情是：不夠愛妳的，都不是妳的真命天子。

6. 只有經過「專屬」和「量身訂做」 兩道工法， 才能打造出真的幸福

　　這世界的幸福並不珍稀，誰不曾有過一時半刻的幸福呢?! 珍貴的，是一份確定的、長久的，可以讓妳一直放在心底的幸福。

　　可是我們卻總是先被那一時半刻的幸福迷惑了……我們看著那陣幸福的煙火，經常是已經曲終人散了，卻還不肯離開，那是妳直到現在想起來都還是會心酸的場景。每個等待過的人，傷心的畫面也許並不相同；可是每個人當時的疑問應該都一樣：「如果你其實沒有那麼喜歡我，為什麼還要給我幸福？」妳把那個問號跟痛一起沉放在心底……當妳逐漸覺得那個答案已經不再那麼重要，卻還是在後來的某個時分，突然想起他，想起當時曾經一起笑得那麼純粹的你們，妳竟然就好像懂了……

　　原來並不是每個分開都是因為欺騙，你們都真心，只是你

們的真心，還是有那麼大的差別——在那場快樂裡，妳看見了未來，他卻只感受著現在；那一刻妳直到現在都還深深記得，而他卻在下一秒就任由它隨記憶奔向了過去。

你們彼此喜歡，妳可以用自己所有的喜歡去交換他；可是他卻沒有喜歡到只能喜歡妳。妳這才明白，原來喜歡只是一種感覺，可是相愛卻是一種決定。他不只要喜歡妳，還要喜歡到「專屬」於妳，才能給妳幸福。

因為只有「專屬」才能專心，才能聽見對方心底的聲音；因為只有「專屬」，才能理直氣壯地為對方付出，也期待他的回報；因為只有「專屬」，妳才能理所當然地想念，不覺悲傷，卻更加勇敢，那是因為妳知道，他也一定正在想念著妳。

那是當妳真的專屬於一個人之後的坦然還有安心，妳會覺自己很特別，因為妳真的被一個人那麼地需要著。妳愛得抬頭挺胸，被要求，也可以去要求。生活就像兩個人一起公家穿一件衣服，要兩個人都能長久舒適的穿，那就不僅是照妳的尺寸，也要能夠合他的尺寸，最後的結果就是妳要接受這裡要寬鬆一點，而他也要能夠忍受那裡能緊一些；最後的結果就是妳發現其實最美好的日子，並不是他一直給妳他想給妳的，而是他總是知道，原

來什麼才是妳真正需要的東西。

不只要「專屬」，還要兩個人都願意用心；不只用心去做，也能夠用心感受，對方對自己的好，那就是你們一起完成對這份愛的「量身訂做」。

這世界關於愛的建議很多，它們對你最大的幫助，並不是給你答案，而是幫助你冷靜下來思考；這世界也沒有一條絕對可以通往「幸福」的路，所有通往幸福的道路，都是兩個相愛的人自己走出來的。

每一份愛都不一樣，每份愛，都是兩個人一起完成的手工品。

妳可以為愛吃苦，但妳一直知道，只有經過「專屬」和「量身訂做」兩道工法，才能打造出真正的幸福。

7. 只相信妳的眼睛看見的， 別用「想像」去喜歡一個人

「嗨，角子！我最近遇到一個男生，我也不知道自己究竟跟他是什麼關係？他有時候會跟我用電話很熱絡地聊天，但有時候我又會覺得他很冷漠，讓我有拿熱臉貼冷屁股的感覺。我很想調適自己試著不要那麼在意他，可是又會很想跟他說話。之前我們講電話時曾經聊到感情的事，我覺得以一個不是很熟的人來說，應該是不會說這麼多才對的，我真的好困擾，不知道他的心底在想什麼……」

一則訊息突然從我的FB跳出來。

這不是一個太難想像的情境，我們很容易就想起當時的自己，那是妳在孤燈下等一個人，而妳跟他其實並沒有約定。

妳想像過會跟他一起發生的故事很多。那不是憑空想像，都是當妳遇見他，才被觸發的靈感。妳覺得很快樂，妳幾乎分辨不出來，那些快樂是他真的帶給妳的，還是因為妳想像中的那些情節，實在是太接近妳想要的幸福。

　　每一次當妳又在他的身旁，妳都覺得自己應該是對他來說很重要的人，因為妳那麼懂他，那麼支持他！而妳對他的支持，絕對不是他所看見的那張總是點頭的笑臉而已。如果可以，如果那是一種愛的證明，妳覺得自己甚至可以放下一切，跟隨他去天涯海角，只要能跟他在一起的日子都是好的——妳被自己心底跳出來的這個念頭嚇了一跳！那不像妳，妳從前沒那麼瘋狂。妳才發現原來自己也感染了他的語氣，尤其是當他在訴說夢想和剖析自己的時候，那種勇敢和直接……好奇怪，才初識他就把妳當成至親那樣傾吐著；好奇怪，妳明明知道你們不過初識，卻那麼輕易地就選擇不去懷疑他說的那些故事。

　　妳很快地就發現了他的粗枝大葉，他對妳說過的話，連他的笑聲妳都記得好清楚；可是妳好不容易才讓他感受到的，又或者是那些他突然自己說出來，讓妳感動了好久的話，他卻總是那麼輕易地就忘記了……妳被那樣的傷心打倒過幾次，說不上是因為妳太善良，還是他那個狀況外的表情太容易讓人原諒，於是妳又

默默地自己爬起來。妳很科學，妳對他的原諒都有依據，妳想過他的「從前」，那些他曾經對妳的作為，那就是愛曾經留下的證據；妳連帶也想像了他的「將來」，那些妳很容易就可以把自己也放進去，你們快樂的將來。

妳唯一忘記看見的是「現在」，是妳現在的無力和不確定，是妳在那盞孤燈下想著，卻始終只能自己給自己的理由和溫度。說不上是腸枯思竭，還是最後連我們自己都不再相信那一場無窮無盡的想像；我們總是那樣一個人地作夢，最後也一個人地夢醒了！原來，那些幸福都是我們所想像出來，而唯一真實的，是寂寞。

妳這才懂了，感情裡面的那些男孩和浪子，那些被妳又多想了一步的「瀟灑和純真」，其實都是「不能負責」的意思；而總是被妳解釋成的「粗枝大葉」，其實也可以把它直接簡化成「不夠在乎」的表示。

我們就是那樣心碎地走過了、明白了，原來顛沛的路永遠走不到安定，原來一個不能給妳保證的人，真的沒有任何苦衷。

感情的路很長，我們永遠無法猜測和預言，自己將會遇見什麼樣的人和事，可是我們可以常常提醒自己：不要用「想像」去

喜歡一個人，不要去推敲他的立場，只相信妳的眼睛看見的，只感受他真的用心所給予妳的。

因為那才是愛。

因為那才是妳，最起碼應該給自己的交代。

8. 只跟「適合」妳的人磨合，
只為愛妳的人調整自己

是啊！「相愛容易相處難」，大家都是這麼說的，不是嗎？每當妳又在那份感情裡覺得沮喪，妳就會這樣安慰自己。

你們很不一樣，你們的個性、興趣都不相同，但愛情一直是化學現象而不是物理現象，所以妳就是喜歡他。妳不只喜歡他，還一併練習去喜歡他的喜歡。雖然後來妳發現「喜歡」其實也是化學現象，不喜歡並不會因為經常練習，而變成喜歡。

妳一直以為，那就是兩個人的磨合，是每一對戀人們的必經之路。它是逆水行舟，不進則退。所以妳一定要很努力，才不會像很多人那樣被刷下來。於是妳在那場磨合裡，磨掉自己的堅持和喜歡，那讓你們看起來好像很適合……可是妳心底的滋味卻那麼複雜，直到很久以後妳才分辨出來，那種滋味叫做「孤單」，

在那場所謂的磨合裡，一直是妳一個人在改變。

妳羨慕那些很像的情侶，他們磨合的時間應該比較短，雖然妳其實並不確定，妳所看見的他們的現在，是不是也是經過長時間磨合後的結果？妳更羨慕那些很不像的戀人，他們明明那麼不像，卻可以變成那麼自然的「互補」──妳在那些很像和很不像的故事裡，終於看出它們的相同。原來在故事裡的人，不管他們是不是很像，卻同樣那麼相愛。

妳這才明白，一個所謂「適合」妳的人，不一定要跟妳個性相同或興趣一致，可是他一定要跟妳的目標相同，你們想要走到的幸福，一定是一樣的。那就是愛的感性和理性，愛的一開始一定是化學現象，然後也要有努力的物理目標，然而不管愛是化學還是物理的，它要成立的條件都一定是雙方認同而且是兩個人一起努力的。

你們最大的「不適合」是他想要的幸福，跟妳想要的並不一樣，所以他才會從不認為自己需要調整；你們最明顯的「不適合」就是他並不愛妳，所以妳才會在單方面嘗試了那麼久的磨合之後，才發現原來是白忙一場。

「磨合」就是先有「摩擦」，但最後還是願意繼續「合作」，

你們要合作的品項是幸福。是因為彼此都很珍惜，都很想繼續擁有那份幸福，於是才有了攜手同行的決心。妳這也才懂了，一個願意為了妳而改變的人，並不是沒有原則或者好脾氣，而是因為他想跟妳有將來。

　　從此，妳只跟「適合」妳的人「磨合」，只為愛妳的人調整自己，因為妳知道他也正在努力地改變自己。因為妳終於知道，妳對一份愛真正應該的付出，並不是努力地去討好一個人，而是努力，對方也跟妳一起正在努力著的幸福。

9. 把自己交給懂得珍惜的人，是妳對自己的責任

「角子，我已經找不到自己了！我覺得一定是因為自己不好才會得不到幸福，可是我明明那麼努力在付出愛了，為什麼還是得不到幸福呢？」

我看著這則出現在FB的訊息，好像真的看見了那張又迷惑又殘破的臉……那絕對不是我們一開始所想像的「愛」的樣子，愛本該是如此美好的事，可是為什麼最後會讓人悲慘成這樣?!

「那是因為妳把愛放在錯的人身上了！」我馬上回覆她，這麼簡單的答案，當事人又怎麼會不知道呢?! 就好像當時也曾經執著過的我們，並不是不相信別人所說的道理，而是我們更相信自己的愛情會是一個「特例」。

妳一見鍾情的對象並不是「他」，而是「幸福」。妳對幸福的迷戀一定很深，否則妳怎麼會都已經看出他可以給妳的那麼少，卻還是依然相信那是幸福？

　　妳勇敢的原因並不是因為「相信」，而是「任性」，因為妳在努力的過程中，還是經常會懷疑，甚至責怪自己，但最後妳還是任憑自己繼續出發，妳覺得自己很勇敢，可是那樣的勇敢讓人悲傷。妳總是告訴自己再走幾步看看，直到最後妳發現自己並不是因為相信而繼續往前走，而是因為再也找不到路可以回頭。

　　我們曾經以為只要夠努力就可以發生的改變，最後經常並沒有發生；就好像我們即便都已經對悲傷妥協，可是最後還是無法留住那份感情。那是我們對那份感情的最後一次勇敢，我們傷心欲絕地以為自己就要死去，直到我們真的貫徹了那個離開的決定，才發現其實每份愛的死亡就是另一份愛的新生。而留在悲傷的最後一天跟走出悲傷的第一天，它們也許同樣痛苦，但朝向的方向卻絕對不再相同。

　　「不是妳不配，而是他不懂得珍惜。」那不只是我剛剛又從FB發出的訊息；那也是妳後來的終於明白，妳曾經在那一份感情裡，所做的那麼龐大的投注，在一個毫不在意的對方眼中，原來

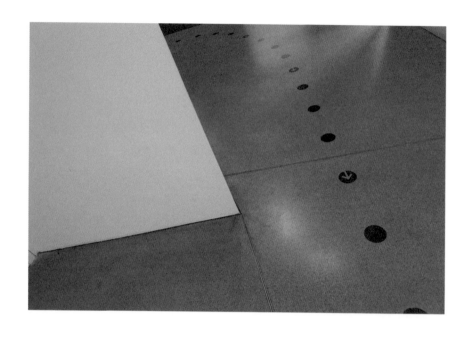

是那麼微不足道的浪費。

　　愛很偉大，可是愛不是因為勇敢付出才偉大，愛是因為被珍惜了，才因而偉大。

　　在愛之前，人之所以渺小，是因為我們永遠無法把不愛變成愛。所以妳也不必捧上自己的心肝去承受傷害，因為傷害無法證明愛，只有讓妳覺得受到尊重跟疼愛的，才是值得妳繼續付出的愛。

　　妳當然值得幸福，可是幸福只有懂得珍惜的人才能給妳。因為「愛」跟這世界的許多東西都不一樣，愛不是用牢牢抓住，更不是用孤注一擲去換取；愛是兩顆珍惜的心，緊緊地靠在一起。

　　妳不必對愛勇敢，其實妳更應該對愛謹慎，因為把自己交給懂得珍惜的人，才是妳對自己的責任。

10. 每一次的「沒有結果」，
都是最珍貴的學會

　　很遺憾，你們最後還是沒有結果，那是妳掙扎了很久，才終於接受的事實。

　　妳不是一個感情的樂天主義者，沒有人會甘心投入一份沒有將來的感情，那些曾經為愛奮鬥過的人們啊！誰不是在那份感情裡，用了自己獨有的角度，看見過希望呢?!

　　「早知道⋯⋯」那是妳後來對閨密説的話。只可惜感情裡最難的就是「早知道」，而它的困難並不在於妳沒有看到，而是無法去做到──那些缺點我們明明早就看見了，可是我們竟然沒有任何作為。也許是我們太高估了愛的力量，我們相信愛會改變對方，而極其詭異地，當我們越堅信這個相信，就越容易在對方全無改變之前，先改變自己。

「誰知道……」那是妳忍住眼淚，卻忍不住心酸的捫心自問。只可惜感情裡的「誰知道」經常只能是傷心人的自問自答。妳最不明白的是兩個人都已經走了那麼久，竟然只化成他口中淡淡的「不適合」。原來妳眼中的那場刻骨銘心，對他卻像剛完成一份感情問卷，那麼輕鬆、又那麼科學。妳這才懂了，妳苦心經營的那份感情，妳在裡面接受考驗，自以為完成了那些進化；然而有些人的進化，卻是走過妳，把過去拋在腦後，就完成了他的進化。

他進化，妳卻退化了！妳對愛的相信，在那陣子退回到原點，妳害怕再起步，妳恐懼的並不是愛的辛苦，而是即便曾經那麼快樂的愛，最後也可能會沒有結果。

那是妳後來潛意識裡的悲觀，妳帶著那份悲觀出發，每一次的愛，每一次的「沒有結果」，都變成悲的積累，「愛」於是成為妳最渴望也是最絕望的事。

我們討厭徒勞無功，希望可以一步就跨到愛的結果，只可惜這世界並沒有一種愛的完美跳躍姿勢，也沒有一個人可以真的鳥瞰到愛的未來。於是我們才漸漸懂得了愛的豁達，那不是從天而降的智慧，那是某天當妳終於願意回頭看從前的那些「沒有結

果」，妳才真的看見了，原來絕大多數的「沒有結果」，還是因為你們不夠適合。

　　每一次的「沒有結果」，都是妳最珍貴的學會。我們在每一次的沒有結果裡，不是只剩下悲傷，還可以有學會。每一次的「沒有結果」，都不是白費，都是妳下次出發時又多走了一段的起點。想通了，學會了，就應該放下悲傷繼續往前進。

　　把每一份悲傷，變成一朵路上的小花，化成我們曾經努力過的印記，那是某個人曾經陪我們的一起走過，那是我們在那份感情裡，好不容易的終於學會。

　　妳在那些個「沒有結果」裡終於學會的，並不是未來或永遠，那都是太虛幻的字眼。現在，才是「愛」最好的結果。一定是兩個人都很珍惜、努力著的現在，才會讓愛一直開花結果。

　　妳總會明白，當時妳以為被拿走的、再也找不到的幸福，後來一定有另外一個人，可以再給妳。每個人都有他應得的幸福，但並不是幸福來找妳，而是妳已經學會如何去看見，什麼才是真正適合妳的幸福。

11. 不要因為害怕再也遇不到幸福，
就眷戀著不幸福 ———

「Dear，這種總是由單一方訂定規則的愛，是很難持久的……」我把訊息送進FB粉絲團的聊天室裡。

「還沒，再等我一下，我還沒打完我的問題。」她的訊息馬上又傳進來，打斷了我的輸入。

我盯著手機螢幕，看著她的訊息一直進來，那是她的感情故事，我猜她一定是一個努力的女孩，她已經用手機寫了數百個字，而那一定只是她曾經為這段感情所做過的千百個努力之一而已。

「他對我其實還不錯，可是我真的很不喜歡他會跟FB裡面一些漂亮的女生聊天，每次跟他溝通，就會吵架！他說我管他太多，干涉他交朋友的自由，可是兩個人既然要在一起，難道就

不應該避嫌嗎?!」她的文字一直進來，把我的回答切割得很細碎，那讓素昧平生的我們，看起來很像是兩個老朋友在閒聊。

「其實妳的問題，簡單說就是在交往的過程裡，一切都是他說了算，一切的規定都是由他來訂立的。」我說。

「可是他好的時候也是對我很好。」她說。

「對一個人好，其實不難；專一，才困難，也才是真的承諾。」我說。

「可是，我真的很害怕自己再也遇不到幸福了，畢竟，他對我還是不錯的。」她說。

「那就聽從妳自己的心，聽聽自己究竟快不快樂？再去作決定吧！然後，其實大多數的人，後來都還是會遇見新的幸福。」我說。

「真的嗎？我朋友都說我不愛自己，可是我就是離不開他。」她說。

終於，我狠下心不再回覆她。因為道理她都已經明白，她現在唯一要做的是決定，可是感情的決定，真正能幫妳下決心的，從來都不會是別人，而是自己。

　　離開的決定，本來就是困難的。「離開」最讓人困惑的是那些「好」。因為前方的好還不確定，而過去的好又如此讓人捨不得，於是我們不知不覺地限縮了「好」的定義，一次又一次地告訴自己這樣已經很好了……我們自以為在那場關係裡前進，卻其實是後退了；自以為在那些小日子裡知足了，卻還是匱乏了；自以為起碼擁有了溫暖，卻得到了更多的孤單。

　　我們這才明白了，感情不是熬過了，就會變好；不是光靠妳單方的調整，就會適合對方。感情一定是兩個人都覺得那樣很好，才會越來越好；一定是兩個人都覺得好的將來，才叫作幸福。

　　「我真的還會遇見幸福嗎？」她的訊息，隔了半晌，又突然傳進來。

　　我想了一下，我不是神，無法保證。雖然大多數的我們，在當時都曾經如此地質疑過未來，不相信自己還有下一次的運氣。但事實是大多數的幸福，都不會發生在第一次。

「Dear，我們永遠也不會知道，自己究竟會不會遇見幸福。但是如果因為害怕遇不到，而眷戀著不快樂的現在，那就一定不會幸福！」終於我寫下來，發送出去，希望她收到，也希望此刻也同樣眷戀著不幸福的妳，真的收到了。

12. 一個人寂寞的等待，最後都不會等到幸福

　　每一個還在等待的人，都有他認為值得等待的理由。每一個還在等待的人，他們在各自不一樣的理由裡，度過了那些一樣孤寂的長夜……

　　妳在那些漫漫長夜裡，反覆思忖著他跟妳說過的話。那些話，有的很美，美得那麼不真實，無法用來抵禦這個長夜的孤單；那些話，有的很絕情，可是妳怎麼聽著聽著，就把它解讀成了別的意思，然後告訴自己「人定勝天」，只要妳願意等，就一定可以等到他的感情。

　　妳知道這件事情的重點，那就是那些長夜之所以苦寒的原因。是的！真正的重點是：「他並沒有要妳等」，所以妳才心慌，因為妳不知道自己究竟最後會等到什麼？妳一直以為那是一

個勇敢的決定，後來妳才發現那不只是一個決定，而是還要陸續押上籌碼的豪賭，於是妳陸續押上勇氣、感情和青春，然後發現最慘的結果不是只有賠上一切，還會得到巨大的傷心回饋。

　　妳鼓勵自己，那就是愛的代價，既然要愛就不能怕傷害，這個世界還為愛在奮鬥的人們啊！誰不是一直帶著傷前進呢?!每次，妳都覺得幾乎要說服自己了；就好像每次妳明明覺得自己在這一秒堅強了，卻又會在下一秒突然無以為繼……妳無法搪塞的是自己的心虛，因為妳知道這份愛一直沒有前進，妳越來越無法分辨，那個藏在妳心中關於未來的美好的畫面，究竟是一個目標，還是一個夢境?!

　　等，就是什麼都還沒有發生，就是妳都還沒有幸福，就要先嚥下那麼多辛苦。那是每一個等過的人，當我們終於蹣跚走過那段等的歲月，才懂得心疼自己的勇敢，還有痴傻。沒有人可以勸得動我們，是我們自己在那段苦等的歲月裡，痛著、冷著，卻也把腦袋痛清醒、看明白了：原來感情是不能「等」的！現在無法發生的感情，將來也不會有更好的理由可以發生；現在無法為妳投入的心，將來也不會有更大的勇氣，可以為妳證明。

　　他沒有陪妳，妳是一個人吃苦。妳一直是一個人走上了那條

路，經歷了那些風吹雨打、餐風露宿，最後妳還是一個人離開。妳這也才終於懂了，一個真正愛妳的人，會化成星辰，成為總是照亮妳前方的光；而不會忍心讓妳化成燃燒的燭光，能照亮的，也只有自己的孤寂。

在尋找愛的路上，妳從來不害怕付出，但是妳會想清楚，妳回頭想著的，並不是他曾經跟妳說過什麼，而是此時此刻的現在，他是不是也跟妳一樣，也正在為這份愛而努力著？那就是即便隔著再遠的距離，你們也好像一起攜手仰望了，愛的幸福。那就是妳現在頭也不回地，總是勇往直前的愛，妳從來沒有在等著誰追上來，妳要的一直是一個可以相互扶持的伴。妳再也不等了！妳真的懂了，記住了……

沒跟妳約好的等，都是空等；一個人寂寞的等待，最後都不會等到幸福。

13. 後來，
我們才做到真正的
「好聚好散」

「我以為只要我努力給出祝福，我的痛苦就可以結束⋯⋯可是，角子，為什麼我的心還是那麼痛呢？」我看著FB突然跳出來的讀者訊息；捷運車廂裡正廣播著：「北投站到了！」我正要前往一個電台，宣傳剛出版的新書。

我覺得自己並不專業，因為直到開始錄音，我的心都還盤桓在那則訊息裡。我很心痛，這個世界怎麼會有人明明都還心痛著，卻還要殘忍地強逼自己給出祝福?! 而原因竟然只是因為對方希望可以「好聚好散」而已。

那只是妳口中的「好聚好散」，妳的心還在迷霧當中，你們不是分散，是失散，妳還沒有跟從前的他分開，可是現在的他卻已經從妳眼前走開⋯⋯妳不只找不回他，妳連自己都找不回來。妳

很想跟他大吵，就像你們從前還會大吵那樣，可是妳發現你們現在連吵都吵不起來；而他竟然還可以用微笑央求妳，用過往那一段美好跟妳交換，一句可以讓他釋懷的「好聚好散」。

於是，再給不起的，妳也給了。就像妳一直在這份關係裡給予的，妳已經不再奢求他會了解妳的付出，妳甚至會希望他不知道，那樣最好！因為如此妳就不必難堪，甚至還可以裝作不在乎，就像他此刻的灑脫那樣。

在答應他要「好聚好散」的那一刻，妳突然覺得釋懷、覺得自己很高貴，就好像剛看完了一場深具啟發的愛情電影那樣，只可惜也只要一個轉身，妳就發現了，原來自己還是那麼脆弱，原來「好聚好散」對一個真的重感情的人來說，那麼困難。

北投的山色，被電台錄音室的大窗戶框成了一幅畫，我很快地做完了訪問，一起身就聽到已經關上麥克風的主持人說：「真應該把這本《13劃，愛》送給我前女友看的。」

他說一直很希望分手後還可以繼續跟前女友做朋友，只是她不願意，他覺得她應該還在怪他。

「當時是你提出要分手的嗎？」我問。

「嗯。」他說。

「你現在有交往對象嗎？」我問。

「有啊！」他回答。

就在那剎那，我彷彿聽見了，所有還留在一份舊感情裡的女人們的那聲喟嘆！

那些提出要「好聚好散」的人們啊，重點一直是在「好散」，他們的行囊那麼容易就打包好了，就好像他們根本沒有什麼可以帶走的；就好像他們早就知道了自己的下一個目的地，於是舉辦了那場分離的派對，妳是配合他演出的嘉賓，當妳還沉浸在那場派對的喧譁裡，妳才發現他早就已經匆忙地出發，踏上他認為更好的人生旅程。

而妳這才懂了，那些提出要「好聚好散」的人們，在意的從來不是妳的感受，並不是要畫上妳的悲傷的休止符，而是設下分岔點，是從此以後我的幸福跟妳的幸福，是徹底無關的兩條道路。

於是妳也才終於收拾起妳的感傷，妳沒有「好聚好散」，妳沒有依照他的時間表，妳是花了很長的時間才慢慢做到，那個對自己最好的「好聚好散」。

　　真正的「好聚好散」，並不是變成朋友，而是妳終於可以選擇感謝，謝謝他曾經在某個時刻對妳的好跟真心；真正的「好聚好散」，並不是給上祝福，而是妳後來遇見了一個更好的人，發現從前的你們，原來真的並不適合。

　　終於妳不只說到，也做到了！這場真正的「好聚好散」。

14. 兩個不在同一條路上的人，永遠都走不到幸福

「二十年後，當我又在臉書上遇到他，才發現原來自己從來沒有真的忘記他。當我們又通上電話，他的聲音依然那麼熟悉；他的表情，我雖然沒有見到，卻那麼輕易就可以想像出來……」這是一封我所收過最長的讀者來信，我在盛夏的十字路口等著紅綠燈，盯著手機，讀得那麼怵目驚心。

那是每一個局外人都看得出來的處境，妳條件比他好，妳值得更好的男人，可是妳還是只要他——就像寫信來的女生，聰明、高學歷、擁有一份好工作，當年卻愛上了一個人人都說不適合她的男人。後來，那個男生離開她，她終於又遇見了另一個陪伴她走出傷痛的男人，也就是她現在的丈夫。這個故事應該就是如此了，沒想到當她在二十年後聽他說，當時是故意捏造自己出軌，目的是不想耽誤她的未來的時候，她的情緒竟然還是會爆發……

「這個月我有幾次出國開會，晚上終於可以一個人關在飯店房間裡大哭。角子，我不知道自己為什麼還會這樣？我真的哭到心都碎了⋯⋯」她在信裡說。

　　她的故事不一定跟妳的故事一樣，可是妳一定懂那種「哭到心碎」的感覺。而妳之所以會哭到心碎，並不是因為不服輸，而是遺憾，那種明明就要幸福，最後卻還是「只差一步」的遺憾。

　　也許，後來妳也就大步往前了，妳後來是真的做到了，幾乎不曾再想起；也許，妳偶爾還是忍不住又想起他，偷偷地還是心酸了，然後又偷偷地讓生活再回到正軌。

　　也許事情其實更簡單，就在此刻，妳因為這篇文章而突然想起他，那是妳在多年後的終於回頭，所有的景物都已經褪色、模糊，唯一越來越清晰的，只有那「一步」的距離。

　　那是妳後來更清楚了自己想要的「幸福」的樣子。那是當妳真的遇見了一個可以從頭到尾都對妳好的人，妳才懂得真正的幸福，並不是山盟海誓，而是可以堅持做到自始至終。妳才真正看清楚，當時自以為的幸福，其實大多出自於想像；妳這才真的看透了，原來你們跟幸福的距離，並不是「只差一步」而已。

感情裡的遺憾，其實大多數並不真的那麼值得遺憾。多年後妳發現自己的遺憾竟然還沒有消除，大多數還是因為時間又美化了那些瑕疵，是妳氾濫了那場遺憾的結果。

「親愛的，我很抱歉，比起妳的長信，我的回覆未免太過簡單。而我其實完全不想研究他在多年後告訴妳的那些事情的真偽，還有他的動機……」我開始回信給她。

因為愛不是「犧牲」，而是「承擔」。因為愛的犧牲經常只是悲劇，只有一個願意為愛承擔的人，才能真的給妳幸福。

多年後，妳已經學會分辨，一個軟弱的男人，跟一個勇敢的男人，卻因為妳而脆弱了，兩者之間的差別；妳真的已經明白，雖然「幸福」並沒有一定的樣子，可是會讓妳傷心的，就絕對不是幸福。

當時以為兩個人那麼靠近……現在妳回頭看，卻遠得那麼清楚了，原來你們一直不在同一條路上。於是遺憾都該釋懷，甚至慶幸了，因為兩個不走在同一條路上的人，永遠都走不到幸福。

15.
其實，妳已經在那場寂寞裡太久了

　　那是他留給妳的寂寞，妳不知道那場寂寞的直徑有多遠，妳只知道自己直到現在都還走不出來……

　　「角子，我跟前男友分手後，三年都還沒放下，他一直有女朋友，但是三不五時還是會跟我聯絡，後來他們分手了，我們復合，但也只有短短幾個禮拜就又結束。第二次復合的時間那麼短，分手了卻比第一次還要難過，我不知道自己這次又要花多久時間才可以再站起來，現在我無時無刻都會想到他，真的很痛苦……」

　　這是一封我剛收到的臉書訊息，也許妳比她幸運，因為妳遇見的是一個夠絕情的人，他已經徹底消失，一個人的寂寞比較單純；還是，妳也跟她一樣，遇見了一個明明說好要分手，

63

卻還是沒有從妳的生命離開的人……最後，再讓自己被同一份傷痛，推向更深的寂寞。

復合，是因為忘記了當時不適合的理由，還是因為彼此都成長了，想再給那份愛一次機會？如果復合後發現彼此還是不適合，那只有更證明你們真的不適合，更應該各自去尋找幸福，為什麼還會陷入更深的悲傷呢？

除非是妳一開始就不想離開，所以他才可以那麼容易就又把妳找回來，最後又像從前那樣輕易走開。

其實，妳還沒有走出來，妳不是想清楚了，才又接受那份愛；他也不是因為捨不得，才又回來。他的「愛」從不浪費時間，總是可以隨時出發然後又停止，可以隨時回來又再離開，妳終於想起那個詞叫作「不甘寂寞」，妳終於發現原來自己這一路上的寂寞，都是因為他的不甘寂寞。

妳在那場寂寞裡想過的事情很多，其實妳只要想到一件事情就可以了，就是他真的一點也不寂寞，妳才是這份感情裡唯一寂寞的人。妳這才懂了，原來鑽牛角尖是多麼沒有意義的獨腳戲，而期望一個總是讓妳吃苦的人，最後會讓你吃甜，又是

多麼大的奢望。

那些不覺得妳好的人，本來就可以很容易地離開。妳沒有白苦一場，妳終於明白，妳才是自己生命裡最重要的人。沒有人應該淪為別人生命的配角，找一個願意把妳當成主角的人，願意把妳的快樂悲傷當成他的主要風景，才是愛情這條路上，最重要的事。

「角子，是不是沒有別的方法了？真的只能用時間慢慢療傷嗎？」這是那封訊息，最後要的答案。

親愛的，我相信妳早就知道答案了。妳不知道的是，其實妳可以更早走出來，因為妳已經在那場寂寞裡太久了。

秋天來了，妳的傷心卻還沒有離開。妳丟掉了幾雙鞋，捐了一批妳知道如果現在不合穿，以後也不會再穿的衣服，那是妳在這個秋天的換季。

心情的換季，跟流行無關，卻跟希望有關。心的換季，是提醒我們一定要記得去嘗試，更多的可能。

妳要讓不愛妳的人，真的離開；用力去愛那些愛妳的、還來得及去愛的人。這是妳在這個新的季節裡答應自己一定要做到的事。

16. 妳可以折磨自己，
但記得走過後給自己掌聲

最慘的折磨，是因為感情；而最專業的折磨執行者，是自己。

妳一開始對自己的折磨，是帶著觀望態度的，就像走在一條不確定去向的道路上，妳不知道你們是正在分開？還是在下一個轉彎就又可能重新開始？妳邊折磨著自己，邊想像著他的心疼……直到妳發現自己真的已經走向結束以後的生活，妳才那麼明白地看清楚了，原來不管妳對自己如何苛刻，他都已經不再在乎，妳終於醒了！可是妳對這個世界的好奇心睡了，於是妳開始踏上折磨自己的第二個階段。

妳在這個階段走的是「穿越劇」路線。妳活得渾沌、恍惚，什麼事情都看得很輕，可是隨便一件小事又可以把妳逼哭！妳明明身在現在的時空裡，卻更經常穿越回到過去跟他交會的時空。

妳對這個星球發生的事情都不感興趣，卻會在那個過去的空間裡，隨便撞見一個愛的證據，就被自己修理得鼻青臉腫。妳在這個階段對自己的下手總是太重，妳以為那樣可以把自己打醒，但妳卻比較容易把自己打昏，於是我們才總是會在某個空白裡醒來，覺得自己好像比較好了，卻突然又在下一秒鐘，被傷心淹沒。妳在這個時期很需要盟友，很希望知道這個世界其實有很多像妳一樣的人，妳希望知道別人的看法，也會努力照著去做，直到妳發現再強的感情特效藥，功效也只會發生在初期，最後妳還是必須一個人面對自己的病灶。每個人的愛情都不一樣，傷心的共鳴再巨大，最後還是要各自面對，屬於各自的寂寞。

　　妳終於又重新回到「一個人」的生活。生活是黑白的默劇，但是妳活得平靜安心，妳開始把自己找回來，不再讓自己依附在任何一段記憶裡。妳在這個階段對自己的折磨，是逼自己一定要完成那本著色簿，一定要讓自己黑白的人生再度充滿色彩。妳努力安排自己，直到妳發現其實最好的安排就是不再安排，當妳越不需要用任何儀式去抵抗回憶，妳才真正開始新的生活。

　　我們都知道應該要對愛「灑脫」，但對我們來說那其實更像特異功能。我們都是愛的平凡人，我們比較會先愛別人，再慢慢學會愛自己；總是會忍不住先對對方好，然後再默默地祈禱對方

也會願意對我們好。我們在感情裡並不聰明，所以難免要被愛折磨，但即便如此也沒有關係……

　　因為妳以為自己只是從一場傷痛裡復元，卻其實是更進化了！妳以為自己是從那段感情裡學會不再犯相同的錯，卻其實是更清楚地知道，什麼才是妳真正需要的愛。

　　直到妳在多年後又突然想起那份愛，妳知道那並非偶然，妳不是沒由來地想起，那是妳終於可以轉身直視那份愛，對那份感情，妳終於有頭有尾了！妳終於明白，與其被一個不懂得珍惜妳的人折磨，那還不如讓我們自己折磨自己。對自己的折磨，總是沒有一步是僥倖走過，但起碼我們知道，自己並不是留在原地消磨，而是那麼盡力地正在往好的地方走。

　　妳可以折磨自己，而且在過程中總是充滿眼淚，但最後妳一定會記得給自己掌聲，那就是妳終於又做到的，生命中再一次美好的走過。

17. 妳要的不是開心的三、五年，
而是兩個人一起努力幸福的一輩子

「Dear角子，我在幾個月前結束了一段五年半的感情。我們曾經度過一段很快樂的時光，但感情穩定後，他開始把重心都放在工作，對我的態度冷淡下來，我只要一反應他就說我給他壓力，後來他跟我提分手，說不想再耽誤我。回想這五年多來，我真的好努力對他好，處處都想到他……我在分手走回家的那個晚上，哭著對自己說，下次一定要看清楚才付出，你可以告訴我方法嗎？我們究竟要如何判斷一個人值不值得付出呢？」

我看著這封FB的訊息，很想聰明地說些什麼，卻突然卡住了……事實是我們幾乎都錯誤過，都曾經錯誤地付出，錯愛過某個人，要做到總是正確地付出，讓那些辛苦值得，又何嘗容易?!

我們總是在事後才變聰明，才看清楚自己真的認錯了人，然

74

後錯愕地發現，我們究竟是從什麼時候開始，用盲目的付出去交換對方的感動？最後又用孑然一身的孤寂，證明感動真的無法成為幸福。

我們這才懂了，原來付出不是一種決定，不是妳一旦下定決心，就只能從此堅持自己的無怨無悔；妳的付出總是帶著觀察，一定是因為也感受到他的付出，才會繼續。跟計較無關，跟公平更沒有關係，幸福本來就是兩個人才能共構的工程；兩個人一起付出，才是生活裡又平凡又平衡的幸福。

妳聽過關於愛情的道理很多，後來妳發現其實最重要就是「互動」，而所謂的「互動」，就是互相感動。是彼此會一直存在對方的心中，就算再忙、再累，也會盡量關心著對方，不忽略對方的感受。妳知道他已經盡力，他也感受到妳的體諒，彼此都感受到了、感動了，一切也就都值得了。

「互動」不難，能持續的互動，才珍貴。兩個人要能夠一直「互動」，路才走得長；選擇一個始終不會忘記要跟妳「互動」的人，才能真的帶妳走進生活，找到幸福。

「親愛的，關於『愛』，我們總是很用心去做，卻經常忘記

也要用心去看……」在公車的晃動裡，我很想好好地回覆她一番愛情的大道理，卻發現寫出來的也只是寥寥數語，那也是我們每個人在每一段錯愛後的醒覺，當時曾經那麼複雜的糾結，在事後看起來竟變得那麼簡單，一個只接受著妳的好，卻不願意對妳好的人，就算妳幫他找到最好的理由，妳也不會幸福；一個後來不再願意跟妳互動的人，就算他有再合理的理由，也無法阻止你們正在拉開的距離。

只把妳的心交給也跟妳一樣用心的人，那是妳的堅持，也是妳給自己最起碼的交代。

妳聽過的愛情故事很多，那是每對戀人在一開始都一定走過的甜，妳一直知道自己要的並不是開心的三、五年，而是兩個人可以一直一起努力的，幸福的一輩子。

18.
妳,最美的年代

　　後來，我們對「幸福」的心態分裂成兩種：一種是「不再相信」幸福；另一種就是「很急切地」想要抓到幸福。

　　大多數「不再相信」幸福的人，並不是真的不再相信，而是他們還在跟幸福賭氣。他們覺得幸福很不夠意思，就在他們要走進幸福的時候擺了他們一道！於是他們選擇跟幸福冷戰，甚至偶爾還會罵罵幸福，而他們之所以會這麼激動的原因，是因為他們還沒有忘記上一次的幸福。

　　至於那些「很急切地」想要抓住幸福的人，他們從前並沒有那麼著急，他們是在見過幸福一面之後，才突然變得積極。而會讓他們如此積極的原因，是因為他們相信用新的愛，就可以治好舊的傷痛；是因為他們真的相信，幸福就跟「寶可夢」裡的怪物

一樣，在任何不可能的地方，都可能會出現幸福。

面對幸福，不管是「留在原地」還是「拚命往前衝」，都是因為我們有時間的壓力。我們的壓力就是我們的「青春」，我們會希望在狀態最好的時候遇見愛，因為最好的時候才會遇見最好的人；因為妳希望把自己最美的年代，獻給那個妳愛的人。那是我們很難在感情裡學會的一口勻稱地呼吸，我們被青春追趕著，不是太過就是不及；不是焦慮地在原地賭氣，就是著急地從這一個失望，又奔向下一個希望裡。

我們在那一次次的傷心裡，發現自己最難拿回的是「青春」，發現自己用那麼珍貴的青春也只學會了感情總是「事與願違」。然後才在接下來各自迥異的造化裡，有人繼續堅持著；也有人就突然懂了、通曉了，原來追尋幸福的重點，並不是前進或後退的姿態，而是心態。

「不再相信」幸福的人，也可能是最渴望幸福的人。妳是感情的受害者，但是妳不會讓自己一直悲傷，因為悲傷總是會故意帶妳繞過快樂，讓妳繼續做出更多悲傷的選擇。所以不再相信幸福的人，經常就會離幸福越來越遠。

而「急切地」要抓住幸福的人，更常看見的卻是幸福的假象。是妳明明知道那只是一個普通的故事，卻被用了愛情的筆觸去書寫，最後終於寫不成喜劇，成為悲劇。是的！妳很勇敢，但勇敢不會讓「不愛」變成「愛」，而我們與其在一場感情裡痛苦地學習快速的退出，倒不如在更早的時候就學會不要那麼快速進入。

　　不難理解，我們總是很容易就對幸福情緒化，因為幸福真的很美、很好，可是我們也總得到一定的歷練後才真正看懂了，原來幸福的美，並不是**轟轟烈烈**，而是細水長流；原來幸福的好，並不是那些足以讓人細數的作為，而是兩顆心到後來那麼自然地珍惜和依靠。

　　沒有人可以留住青春，可是妳可以留下「智慧」。是智慧才讓妳足以判斷，哪一段感情才值得細水長流；是智慧才讓妳身上的那些傷，都成為最美麗的紋路，在時光的逆旅裡更顯風華；是智慧才讓妳如此確定，等一個真正懂得珍惜妳的人，會比經歷那些情愛的煙火，更值得被投資和等待。

　　從前妳一直以為，一定要在最美的時候，盡快找到愛。現在妳已經明白，不論在任何年紀，只要遇見了最好的人，就是妳最美的年代。

19. 是妳選擇讓自己
變成今日更好的妳 ⟶

　　那是我們邊走、邊回頭看的一段時光⋯⋯走過那一段路的人就明白，當時的我們真的很慘。我們惶然無知地前進著，覺得自己好像勇敢了，卻還是忍不住又偷偷地回頭看了，那種分不出是日出還是正在日落的場景，究竟是對方正在回來，還是正在離開的身影？我們永遠也不會忘記的，那種恍神的感覺⋯⋯

　　多年後，當妳真的走遠了，當妳終於又回頭看那段感情，竟然有一種在看電影的感覺。

　　影片沒有泛黃，記憶依然清晰，再次看見那幾個重要的場景妳還是會感動，還有心痛。就是純粹的心痛，沒有下一步更混亂的行動，妳很享受那樣的純粹，妳是一個理性的觀眾，那是妳現在已經能夠掌控的自己。

當時的妳，從一開始怪他，到後來怪自己；想恨他，到後來變成恨自己；想努力留住那份感情，到後來變成努力在為難自己。那份他不要的感情，卻被妳撿起來細細琢磨著，妳不只傷心，妳還看不起自己。妳最大的後悔，並不是看錯了一個人，而是明明有那麼多次的機會可以從這份愛抽身離開，可是妳竟然都沒有走開。

　　終於，妳用自責定義了這場犯罪，他是元凶，妳是幫凶，那是我們在那份感情的最後，最傷心的聰明。

　　直到我們在多年後，又重新看了這部電影，又重新目睹了劇中的自己，我們才又更清楚地看見了，當年所下的那個自責的結論，是因為結果的不成立，才去做的反推。而其實在愛的過程裡，任何一些愛的可能，都足以讓我們前進……妳很合理地愛上他，合理地因為太想要幸福而付出，那一切妳曾經為愛而做的事，它們也許浪漫而虛幻，也許愚蠢而瘋狂，直到現在看起來，還是如此合理，而且理所當然。

　　那是多年後，當我們又重看了一次自己的愛情電影，那也許不是一個合理的劇本，但卻有它合理進行的時空，我們才真正看懂了，其實所有事情的發生，都有它成立的理由；所有當時我們

深愛過的人，都有讓我們奮不顧身的原因。

我們這才明白了，「後悔」的沒有必要；因為受過傷而不敢再往前，更是沒有必要。

也只有讓我們用看一部電影的角度，看著自己的開始和後來，過去和現在，當我們終於可以客觀地解析自己跟「愛」相識的過程，我們才明白，重點並不是妳遇上了什麼樣的人、錯給了什麼樣的愛，而是我們後來究竟決定讓那份愛，對我們產生什麼樣的影響？!

妳終於懂了，原來所有的經過，都有它的必要；所有的結果，都是最好的安排。

最後，妳用一首在心底揚起的歌，告別那部電影。片尾開始出現了一些名字，那是妳在不同時期，曾經遇見的人，他們都是妳的生命中出現過的角色，妳當時曾經匆匆下過的定義，在多年後也都有了新的意義和註解。

是他們先豐富了妳的人生。

然後，是妳選擇讓自己，變成今日更好的妳。

20. 為什麼好人還在流淚，
   可是壞人卻已經又找到幸福？

「角子哥，為什麼我真的很努力了，也跟他一起走過很多，但他最後卻用了最殘忍的方式結束了我們的感情？他劈腿了！為什麼他沒多久就又可以牽起另一個人的手？甚至替那個人做所有他當初不願意替我做的事情。我不知道問題出在哪裡，我懷疑過自己，想過無數的理由，難道我不值得被好好對待嗎？為什麼背叛別人的人，最後會過得更幸福呢？」

如果感情有一種票選，如果你們那段感情真的可以交付給公議，妳有把握自己一定會贏！可事實是，雖然妳是好人，他是壞人，雖然妳得到了大多數人的支持，可是妳卻感覺自己還是失敗了。

妳不知道自己為什麼還不肯刪掉他的臉書？妳不知道自己為

什麼看見他又幸福的時候，心還是會那麼痛？妳不懂為什麼那個女生不必像妳那麼努力，就可以得到一切？妳最不明白的是為什麼「好人」都還在流淚，可是「壞人」卻已經又找到幸福?!

感情裡的「好人」都是只對別人好，卻對自己最不好的人。明明是壞人的錯，卻還要苦苦逼問自己究竟是哪裡做錯？就好像這位寫信到我的FB的女生一樣；就好像許多在感情的傷痛裡被自己的疑問重複絆倒，一直走不出來的妳一樣。

妳對他的怨很多，可是當妳知道他又幸福的時候，妳發現自己的第一個念頭竟然不是憤怒，而是心酸。原來他真的可以那麼容易就忘記那段感情；原來那份妳一直要用那麼大的力氣，才足以對抗的心痛，在他的心中竟然是如此微不足道。於是，妳對他的怨又更多了，但就像每一個好人幾乎都曾經做過的，好人總是嘴裡怨著壞人的壞，心裡卻不肯放下壞人的好……他們明明是「壞人」，可是「壞人」也經常是「好人」最不願忘記的人，對不對?!

妳不知道自己究竟在等什麼？也許是他的回心轉意，也許是一個「人在做天在看」的天理。

只可惜感情裡的天理，總是發生得太遲；只可惜感情裡的「好」與「壞」，只是相對，而非絕對，一個我們眼中的壞人，也可以是別人眼中的好人。

　　我們在那場等待裡，沒有等到對方回頭，也沒有馬上見證天理，我們這才認清了那個道理：原來分開的兩個人，絕情的那一個，不一定就會得到報應；既然如此，那傷心的那一方，又何必執著地要賠上自己的幸福？！

　　重點是，他都已經不在乎傷害妳；重點是，不管他是不是一個真的壞人，他都一定是一個不適合妳的人；重點一直是，他都可以再幸福了，為什麼妳還要留在原地讓自己繼續不幸福？！

　　就算他得到最大的報應，妳也不會幸福。

　　就是因為妳值得更好的對待，所以這個世界最棒的天理，就是讓妳看清他是一個壞人，然後盡早離開他，去遇見另一個好人，讓好人跟好人，終於在一起。

21. 愛不是「曾經說過」，而是真的「陪妳走過」

　　我坐在往台南的高鐵上，旁邊一對日本情侶一直用很大聲的日文跟手勢開心地聊天，即便我把耳機的音樂開到最大聲，還是輕易就可以判斷他們的對話從台北站開始就沒有一秒鐘停止過。

　　「最近好嗎？昨天看金鐘獎發現一個名字讀音跟你一樣的演員，突然想到你。」我的手機通訊軟體，突然傳來一個好幾年沒有聯絡的老朋友Penny的訊息。

　　我們真的是很老的朋友，從我們還在念大學的時候；從那個我們都才剛認識愛情的年代，就認識了。我們是在打工的餐廳認識的，當時的我們陪伴彼此很多，我陪她走過一個會對她動手的老外男友，後來又遇見了一個看起來對她還不錯、很愛跟她說夢想的男人，可是最後那個男人身邊還是出現了第三者……至於Penny對

91

我的陪伴，我想我應該會終生感謝她曾經在我那場傷心欲絕的初戀裡，給過我的安慰。

後來，我們就像這世界很多的老朋友那樣，各自走上自己的人生，然後在多年後突然想到對方，連帶地想起當時的青春，有好多的細節，當時那麼銘心刻骨的，竟然現在也都模糊了⋯⋯你知道老朋友總是會幫你記得那些，而老朋友的感情也總是一通電話就可以復燃。於是我們才終於懂了：是愛情，讓我們揮霍了青春；而幫我們牢牢記住青春的，是千年不敗的友情。

我只記得那股心酸，卻幾乎想不起來，自己當時情傷的細節。可是我卻記得Penny的感嘆，她哭、她怨，那個那麼會談夢想的傢伙，每一次當他又用臂膀圈著她，指著那張未來的幸福藍圖，說出她清楚的位置，Penny都溫暖得想掉眼淚；那張圖，後來被Penny看成一張諷刺的《大富翁》，上面每一個場景都是他的「曾經說過」，她必須把它看成一場遊戲，才能放過自己。

「我還是老樣子啊！妳呢？應該跟小尚還是很好喔？」我回她，非常有把握，小尚絕對是個好男人。他是Penny當時分租公寓的室友，他就那樣默默地看著她的愛情和眼淚，你也可以說那是一種默默地守護和等待，直到Penny恢復單身，小尚才終於跟她表

白，然後發現原來彼此早就用同樣的作息在生活，比許多情侶有更深厚的基礎。

我的手機裡馬上傳來好多他們去爬山的照片，我看著那些地標，那不是我熟悉的山，那是他們結伴同行的路。我很開心，親愛的，那是我在你們彼此的眼神裡看見的，即便在那麼多年後，還閃爍著的愛和珍惜。

那也是我們在後來又陸續走過的路裡明白的，「愛」不是說了就算，愛是兩個人一步一步走出來的。所以三個月跟三年的感情才會不一樣，三個月足夠說出一個美麗的未來，可是只有三年才看得出來，我們究竟只是「興趣相同」，所以很有話說，還是我們也真的「志同道合」，可以一起努力走向幸福。

關於愛，我們都是先從「聽」開始，到後來才學會用「看」去分辨。我們從渴望快速發展，到後來發現只有時間才能積累出愛的厚度。我們在愛的來來去去裡才終於看懂了，真正能給妳幸福的，並不是那個說要幫妳遮風擋雨，而是那個真的可以陪妳一起走在風雨裡的人。

就在我發出那個「開心」的表情給Penny的時候，鄰座的那對

情侶也正要起身下車。那個日本女孩的眼神跟我的眼神撞了一下，突然笑得很不好意思，可能是突然意識到吵到我了，也可能只是一種禮貌。這應該是他們一起來台灣的旅行，希望他們會喜歡這裡，希望他們此去的路一切順利，希望她是愛的路上的另一個聰明的女孩，她也懂這個道理：愛不是「曾經說過」，而是真的「陪妳走過」。

22. 相信自己值得更好的愛，才會遇見更好的人

曾經對妳再好的、再捨不得分開的，在對方確定要分手以後，所有的傷心、難過，都是妳自己的事情了！是的！妳用的感情真的比較深，妳是受傷的那一方，否則妳也不會那麼心慌，接下來要一個人面對那段回憶的時光。

妳花了很多時間，重新「安頓」自己，明明是同樣的城市、同樣行進的動線，卻有一種身在異鄉的感覺，妳知道那就是當人失去歸屬，會有的「不確定」和「困惑」。妳「不確定」自己是不是真的可以從那份悲傷裡全身而退？妳在大多數時間裡痛得很清醒，然後在疼得麻痺的時候「困惑」，自己究竟還能不能像從前那麼快樂？

後來的妳，也已經可以漸漸分辨，其實他也沒有真的那麼

好。可是妳還是發現了，除了傷心，這段感情還讓妳付出了其他的代價，妳在這份感情裡最大的損失，並不是他；妳在這份感情裡最珍貴的丟失，是信心，是妳不相信自己可以再遇見更好的人。

妳發現自己竟然真的在猶豫，接下來要不要降格以求，去愛一個「他愛妳比妳愛他多」的人是不是就會比較靠近幸福？也許，妳也真的去做了！妳試著在某些人身上發揮了愛的想像力，試著不去分辨「感動」和「愛」的差別，不去分辨一個總是陪伴著妳的人，是不是也真的住進了妳的心？還是，妳受那份感情的影響其實更深，妳根本就是糊塗了！連妳自己都不明白，後來為什麼會愛上那樣的人，那種不但配不上妳，也不懂得珍惜妳的人？！

於是我們才了解到，原來當我們越急著重新開始，就越有可能被那份感情「二次傷害」。當我們越急著想保有跟幸福的聯繫，就越有可能離幸福越來越遠。我們才逐漸明白，所謂的「讓自己更好」也許並不是一種外在的作為，並不是急著去蒐集自己變得更「好」的證明；而是一種內在的沉澱，讓我們重新欣賞自己的好，那些妳一直存在的優點，那些妳比別人更好的「好」，妳已經有多久的時間，不曾去好好地欣賞跟看見？！

親愛的，幸福不是比賽，妳不是一定要比別人好，才能得到幸福；幸福是一種看見，妳是因為具備了獨特的好，才被欣賞和珍惜。一個始終知道自己的好的人，她們難免會錯愛、會受傷，但即便如此，她們也永遠不會忘記，其實自己真的值得更好的對待。

　　直到，我們後來真的遇見了更好的人，妳才發現，他會喜歡妳，並不是因為妳比從前更好；他會喜歡妳，是因為妳也跟他一樣，不執著於過去，總是努力往前看，想要為自己爭取更好的愛。

　　幸福，從來都不是勉強或遷就。幸福，是兩顆都想為自己爭取更好的心的相遇，他們一樣努力，一樣堅信：

　　相信自己值得更好的愛，才會遇見更好的人。

23. 一個願意對妳「用心」的男人，才能給妳幸福 ⟶

　　每個人看見愛的時間，都不會一樣；每個人決定投入一段感情的時間點，也不盡相同。妳好像比較早喜歡他——奇妙的是這個世界上妳越是喜歡的人，妳喜歡他的時間點，往往都會發生得比他喜歡妳的時間早。但是那沒有關係，妳不會計較這個，妳只要他後來也剛剛好喜歡妳就好。

　　妳用心觀察他的一切，妳很早就知道，他喜歡吃什麼東西？喜歡穿什麼樣的衣服？而且妳一旦知道了，就很難會忘記。妳認為女生本來就比男生細心，所以在交往後，妳也只會跟他計較大的事情：可能是幾個對你們來說很重要的日子、可能是大多數的情侶們都應該會有的表示。妳不想做那個總是要技巧地提醒他的人，因為妳從來沒有想過愛需要那麼多技巧，妳心目中的「愛」就是當妳很喜歡一個人，就會很直接地想要對對方好。

妳從沒想到的，是他後來會習慣妳對他的好，習慣妳對他的退讓。妳一直以為當妳對一個人好，如果他接受了，那應該就是一個開始。於是，妳在那個開始裡等著，妳不知道自己在等什麼？也許妳在等的是一種溫暖的感覺，妳沒有要他全數回報，妳只希望他偶爾也能夠讓妳知道，其實妳所做的一切，他都明白。後來，反而是妳懂了，妳之所以一直沒有等到那個感謝的擁抱，並不是因為他不知道，而是他一旦承認自己知道了，那他就要還──不是所有跟妳談愛的人，都想要償還妳曾經對他的感情；不是所有跟妳談愛的人，都願意像妳那麼勇敢地想為將來而努力。

　　所以，我們才可以看見那些人，竟然可以在我們的傷心裡，最後還那麼無所謂地走開，彷彿那一切從不曾發生……妳這也才在他離去的背影裡看懂了，一個從來就不曾付出的人，本來就不曾失去，當然更不會懂妳的遺憾和可惜。

　　終於，妳開始整理自己的感情，那是妳從愛上他開始，就逐漸混亂的情緒。妳發現感情本來就應該很簡單，跟性別、細心都無關，感情只跟「心」有關，那是當妳真的很愛一個人，就會把他放在心底；也只有當妳把一個人真的放在心底，妳才能真正「用心」去愛他。

用心，才能專心，才能專心感受到妳對他的好，才能夠也想到要怎麼做，才能對妳最好；用心，才能一心一意，才能夠看不見這個世界的誘惑，才能夠當世界正在誘惑著他的時候，還能夠堅持該怎麼做，才能讓你們繼續很好。

　　一個願意對妳「用心」的人，總是捨不得讓妳傷心，因為他們早就認定了妳的價值，所以才會願意對妳用心。於是妳也應該要努力學會，只對妳用心的人「用心」，只「在乎」那些真正會在乎妳的人。

　　妳終於明白，愛跟很多事情有關，可是「用心」卻是一個最基本的選項；妳會在愛的路上遇見的可能很多，可是一個願意對妳「用心」的男人，才能給妳幸福。

24. 彼此「有共識」的愛，
努力才會有價值

　　如果不是因為真的很捨不得這份感情，妳也不會忍耐這麼久；如果不是因為妳剛剛突然回頭看了，妳也不會發現，原來自己已經在這份感情裡，努力了這麼長的一段時間。

　　妳對這份愛的努力很早，妳從努力拉住自己，不要那麼早愛上他開始，到努力給他空間，努力不想念……直到現在妳也還在努力著，妳告訴自己，不要像他所說的「很愛小題大作」；妳都幾乎要說服自己了，可是妳的心還是會酸啊！妳不知道此刻在他心中「愛」究竟是多麼小的題目，小到當妳也只是想在裡面要一點尊重和公平，都必須被奚落成這樣。

　　妳不知道那些走在路上的戀人們，有多少人是像你們一樣──像你們當時的開始，那麼甜蜜，在一起做的任何一件事情都是快

102

樂的；還是像你們現在這樣，沒有太多的表情，雖然靠近走著，可是心卻好似越離越遠……

妳總是很害怕自己會跟他距離太遠，於是只要發現彼此的距離又拉開，就會趕緊又追上去，妳害怕逐漸拉開的距離，會有一天，就再也追不上了……就好像在這份感情裡，到後來接受現狀、調整自己的人，都只能是妳。

妳不是不能接受調整。但感情裡的「調整」，情緒總是複雜過調整本身。妳會憤怒，因為他的理由總是那麼理直氣壯；然後妳會心酸，因為妳發現他已經不再重視妳的感受；最後妳會害怕，因為妳發現自己竟然又退讓了，而妳不知道那樣的退讓究竟是讓妳更靠近，還是更遠離了幸福？!

如果妳也在這一刻感覺心酸，覺得這正是妳此刻的心情；又或者讓妳突然看見了，當時孤單的自己……那一個個因為捨不得而在感情裡苦苦追隨的人們啊，缺的從來都不是勇氣，而只是一個提醒。

親愛的，他真的不能兩者都要。他不能又害怕寂寞，同時又討厭束縛；又要妳懂他的理由，可是又不願意思考妳的感受；又

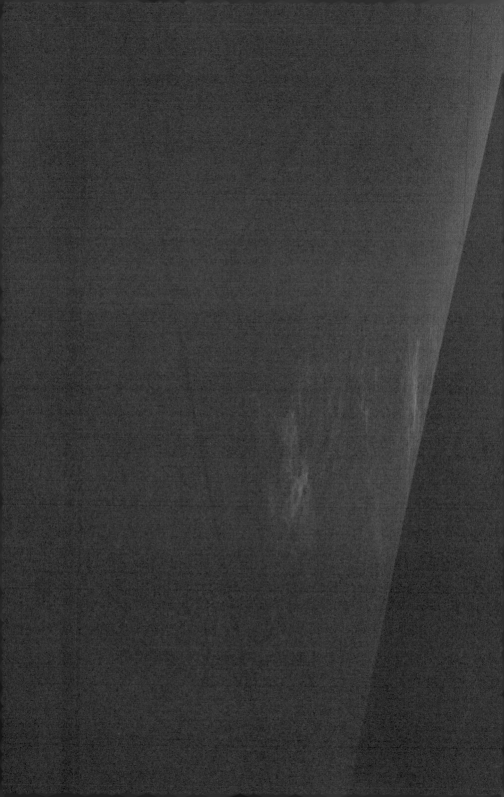

要妳只屬於他，又不肯視妳為珍寶。

　　妳可以為愛吃很多苦，願意為愛奉獻的事物很多，可是你們不能對愛沒有「共識」。你們把彼此當作什麼？把這份愛放在什麼樣的位置？如果這份愛連要維繫住，都讓妳覺得那麼孤單，那你們又怎麼可能一起去抵擋將來的人生風雨？!

　　戀人間最重要的共識就是「計畫」。有計畫，不一定就保證有將來，可是起碼知道，兩個人的確是走在同一條路上的，而你們正努力要去的，也真的是同一個地方。

　　一個習慣什麼都要的人，能給妳的總是很少。妳不自覺地默許了，妳以為自己總會習慣的。後來妳才發現，要習慣不幸福真的很難，會在這份感情裡越來越習以為常的，一直都是他而已。

　　要彼此「有共識」的愛，努力才會有價值。於是妳決定要跟他好好談談，這次妳會更努力去做到，不能給妳共識的，就要給妳交代；連交代都不能給妳的，就沒有資格要求妳繼續留下來。

25. 妳已經知道，
什麼才是妳真正需要的愛

　　從前，妳認為愛是一種「相遇」，是妳終於遇見了一個很喜歡的人，而他剛好也喜歡妳，那場好不容易的幸福就應該發生。

　　後來，妳才發現，原來喜歡也有「很喜歡」和「普通喜歡」的分別；原來緣分裡的「剛好」，也有「唯一」和「也可以」的差別。妳就是在那一次次的傷心裡開始感嘆，原來那場「好不容易」的幸福，遠比妳所想像得更不容易。

　　從前，妳認為愛是一種「犧牲」，那是妳的優點，是每當妳很愛一個人，就會以他為主，從各個角度去對他好；那也是妳的缺點，尤其是當妳遇到一個只是因為喜歡享受別人對他的好，就用「愛」的名義把妳留在身邊的人。而那整件事情最讓人傷心的部分，並不是決定收回妳對他的好，而是我們總是要到最後才發

現、才願意承認，原來對方真的沒有心疼過我們。

　　我們從來沒想過，愛到後來，需要對愛所做最大的練習，竟然是努力學會「自私」和「不要輕易放感情」。我們一直以為勇敢前進才最珍貴，結果在感情裡竟然懂得煞車和後退才是智慧。我們不斷地提醒自己，但結果是我們真的沒有「冷靜」的天分，我們畫虎不成反類犬，那麼努力也只學到了「故作鎮定」。我們在每一次又感覺到愛的時候，火速潑自己冷水，告誡自己我們沒那麼好運；但即便我們都已經對愛那麼虛心又迷信，事實證明，我們還真的是沒那麼好運。

　　從前，妳覺得自己要的感情很簡單，可是妳都遇見複雜的人。後來妳才漸漸瞭解，其實這個世界看起來複雜的人，大部分都很簡單，而那些複雜的情節，大多數是我們自己所想像出來，是我們給了那些並無可能的愛情，太多仁慈的機會。

　　而那些曾經被我們歸類為欺騙者的人，也許他們是真心想騙我們；又也許，是我們真心地寧願被欺騙。

　　妳這才懂了，其實所謂「簡單」的愛情，並不是它的內涵很簡單，而是它成立的理由很簡單，就是兩個人都會把對方當成很

重要的人，會覺得一旦失去了很可惜，也沒有把握可以再遇見對自己這麼好的人。

　　妳不需要猜測他的心意，也不用擔心最後是糊塗一場，妳終於明白所謂簡單的愛情，它的內涵就是「安心」，就是當妳想起他，當妳想起你們這段一起走過的感情，就覺得很安心。

　　妳終於明白，越簡單的就越需要取捨和判斷，越簡單的就越需要默契，就越需要欣賞和珍惜。他不用很浪漫，只要懂得專一就可以；他不用很有錢，只要盡力對妳好就可以；他不用很體貼，只要願意替妳想就可以。

　　從前，妳對愛的想像比較完美；現在，妳要的愛比較真實。它一定是雙方、雙向的喜歡和珍惜，因為幸福，絕對不是單方面的付出，就可以成立。

　　從前，妳花很多時間去尋找各種愛的可能；現在妳覺得愛的樣式也許很多，但會讓妳幸福的，卻絕對不會有太多種。妳知道，這個世界會繼續誘惑妳的愛很多，但妳已經知道了，什麼才是妳真正需要的愛。

26. 能夠跟妳一起往前走的，
　　才是真的幸福

　　妳想念他，在「跟妳聯絡」已經不是他的生活裡的必須的時候。妳不想直接提那個詞，是的！你們已經「分手」了，那真是一個讓人心酸的詞。

　　只是，為什麼妳還在等？妳在每一個分秒跟每一個可能裡，希望收到他的聯繫。然後在每一次的失望中，又一次提醒了自己的心痛。妳終於見到了傳說中想念的「深淵」，那是每當妳又開始想念他，就會迅速墜入的那個黑洞，果真名不虛傳，比深更深，比黑更黑，比絕望更絕望。

　　妳在想念他的時候，想起的都是那段從前的時光，那是你們最好的時候。比起妳現在情緒的複雜，你們當時的愛那麼簡單，那是每份愛最美好的初登場，在我們都還來不及展望未來的時

候，我們只是單純地想對對方好，也享受著對方對我們的好——即便他已經離開，妳還是非常耽溺在那段時光裡，那個時段的他，真的很好，好到妳如此渴望時光可以倒轉……與其說妳在等他回來，倒不如說妳希望你們可以一起回到過去。「我們再也回不去了！」有多少還在苦等著的戀人們，聽到這句對白時的淚如雨下，那種遺憾得那麼絕望的感覺，妳只要嘗過了，便一輩子忘不了。

我們也好像用了一輩子那麼長的時間，才漸漸想明白了。那份「再也回不去了」的愛情，其實妳從來沒有真的離開。而那個讓人心碎的「再也回不去」，並不是遺憾，而是決定，是對方並不想再回到過去，而且已經走遠的決定。

我們這才懂了所謂的「緣分」，那些就算再特別的緣起，最後還是必須由兩個都想珍惜的有心人接手，才能繼續接續下去。否則那些莫名地開始的感情，通常也就會莫名地結束。

沒有回不去的感情，只有不想回去的人。我們這才看懂了，原來要回頭才能看見的，都不是真的幸福。而一個真的願意跟妳回到過去的人，應該會更想，帶妳去一個更遠、更美的前方。

不要再等一個不會跟妳回去的人，妳應該盡快出發，因為所有的可能，都不存在於過去，而只會發生在前方。我們都知道要重新出發真的很難，就像春的開始總是帶著冬的殘影，那是某一天早晨，妳終於換上了春裝，雖然還是有冬的微涼，但是妳心底知道，無論如何妳是再也不可能回去那個冬天。而妳也只要努力往前走，妳總會走到夏天，妳總會忘記那個冬天的。

　　下次妳會記得，愛跟季節一樣無法定格，過去的，再捨不得也要讓它過去。不要為了一個已經離開的人，耗費妳的決心；更不要為了懷念一份遭遇，而用更多的遭遇來折磨自己。

　　沒有人可以阻止妳，也沒有人可以評斷妳，然而事實就是如此，那些妳後來為了紀念那份愛而做的事，都真的跟幸福無關。

　　要能夠跟妳一起往前走的，才是真的幸福。

27. 要「適合」才會珍惜，
才能在一起生活

　　其實我們往往很早就知道，自己所喜歡的那個人，並不適合我們。只是當時的我們都真心相信，只要努力調整，兩個人就可以變得適合。

　　那好像是妳後來唯一可以怪他的理由，怪他沒有更殘忍地拒絕妳，好讓妳早一點死心。但那也可能是因為妳的諸多配合，讓他錯覺了，以為你們很適合。妳幾乎從來不對他說「不」，總是貼心地安排他會喜歡的一切。也許那就是每一個對愛認真的人都會有的天分，我們總是那麼輕易就想到對方，那麼敏感地就知道對方的喜好——我們一直以為那是一種天分，但後來發現那其實是因為我們真的很努力，那是我們無時無刻都在替對方著想、反覆演練的結果。

妳喜歡看見他開心的樣子，他笑起來像個孩子，像孩子般天真，讓妳也天真地以為那就是愛；像孩子般健忘，忘記那是身邊愛他的人多大的付出才做到的。而妳竟然連自己都騙過了！妳真的在那一刻以為你們很適合。然後用那一個個好不容易才成立的一刻，鼓勵自己要相信，讓自己繼續在那份關係裡獨自努力著。

　　直到妳發現自己在那份關係裡竟然越久越傷心、越久越寂寞，就在妳終於對他說出內心話的時候，妳突然變成了一個最不可愛的人，那不是從前他所認識的妳，但事實是連妳自己都已經幾乎要忘記，哪一個才是真正的妳?!

　　妳不是失控，是想了很久才決定跟他溝通。沒有功勞也有苦勞，妳以為憑自己過去的一片丹心，兩個人一定可以好好談談，用溝通的方式把那些不適合調整成適合。妳終於鼓起勇氣把自己想說的話都說出來，然後也才終於發現，原來他想說的話那麼少；原來那份對妳如此深刻的關係，他的體會竟然這麼少；原來那份感情的成立，如果不是因為妳的苦苦相隨，把自己變成他的影子，他應該早就已經走遠。

　　妳終於明白，「適合」是一種天生，適合與否也不是單方可以決定，你們在一起，並不是誰討好誰，而是兩個人在一起彼此

都很放鬆、很舒服。「適合」更不是溝通或努力就可以改變，你們要先適合才能生活，戀人們溝通不是只為了讓彼此適合，而是讓已經相愛著的我們，為了將來更好的生活，一起討論出彼此都可以接受的方法。

「適合」跟成敗無關，不適合不等於失敗，可是明知道不適合卻還是硬要強求，就一定會失敗。兩個人都捨不得走開的，就叫做「適合」。要適合才會珍惜，也才能夠在一起生活。

直到妳遇見了一個真正適合妳的人，妳才會發現原來在生活裡可以不必那麼害怕犯錯，妳可以撒嬌，甚至偶爾還可以任性，妳在愛的人面前，真的可以不必那麼完美，那麼百分之百地像他希望的那個女孩。而那就是愛，那就是當妳喜歡一個人，而那個人也喜歡妳的時候，永遠說不清楚的「適合」。

那是妳最後一定會有的體會，妳跟著那個適合妳的人，那是你們又一起度過的一個毋須言語卻依然自在的下午……那麼容易妳就明白了當時自己的痴傻，在感情裡明明那麼理直氣壯就可以享受到的自然，在那個時候卻要費盡心思，才能從一個根本就不適合妳的人身上，偷渡到一點點愛。

28. 原來一份感情的真正結束，
就是妳終於又找回自己

　　妳覺得荒謬，甚至有些可笑，當時曾經那麼想要挽回的那份感情，現在卻成為妳如此努力想要遺忘的。

　　因為只有遺忘，才能再出發。因為只有真的將這份感情結束，我們才能夠再開始。每次，當妳覺得自己好像重新開始了，妳感覺自己好像真的又好一點了……但妳總是很快就發現妳錯了，妳無法騙過自己，因為妳那麼容易就又發現自己其實還是想著他。

　　妳試過很多方法，妳努力戒掉許多從前的習慣，而「他」是妳最後的習慣，妳希望這個習慣最後也能夠終於剝落脫離……只可惜此刻形同陌路的愛人們，卻從來都無法是真的路人。你們曾經共過的習慣那麼多，妳在那迎面而來的習慣裡逃竄著，狼狽到想離開這片生活，到一個從來都沒有他的地方……然後發現自己

都還沒想出來那個地方，就又先想起他，一下子眼淚蹦出來，又一下子自己抹乾，那真的是全世界最傷的寂寞。

妳一直問自己，這份感情究竟要如何才算是真的結束？是妳終於可以做到，不再想起他？還是直到妳再遇見另外一個人？

當怎麼努力都忘不掉的時候，我們便由愛生恨。那是妳在記憶裡翻箱倒櫃，反芻著當時的畫面跟那些線索，而其實最讓妳痛心的是，為什麼一份感情的最後，會變成妳必須在那麼多愛的回憶裡，尋找他惡的證據？！

後來，妳才發現由愛而生的「恨」都不長。在事後還要質疑著對方的誠意和責怪著自己的痴傻，其實最後最傷的，還是自己。而那些我們自以為用「恨」忘記的，都只是又提醒了自己記得更牢而已。

後來，妳才懵懵懂懂地好似明白了，那些關於「時間」的說法。妳一直以為時間會給的是遺忘；但其實時間更想給我們的，是妳終於也可以試著超然去看待那份感情。

走出來的路並不平坦，那條路很長，有時充滿希望，有時卻

又無以為繼。當妳不再只耽溺於過去的傷痛，也不再渴望可以一步就跳到未來，而是開始可以安靜地專注在此刻的現在——那是當妳突然在某一天，又聽見了自己的呼吸，又想起了以前一個人的生活，一個人單純的笑容，那些妳一個人去做過的很多很多事情……

妳終於答應自己，從此只為自己笑，也只為自己哭。妳不再想像、不再渴望他的心疼；而是要做全世界第一個心疼自己的人。

妳一定會好的。妳不是等到遺忘，也不是苦守到另外一個人出現，妳是靠自己救了自己；妳沒有逃離，因為快樂和悲傷都是人生的過程。如果妳的悲傷是因為覺得此刻一個人，那妳的問題不是去找到另外一個人，而是要去把從前那個一個人也可以很快樂的自己，盡快找回來。

最後，妳一定會明白的。原來，後來並不是傷口癒合了，而是妳終於看清楚在那份感情裡，其實妳很早就已經是一個人；後來，並不是妳終於遺忘了，而是妳真心感覺，生命裡有太多美好，更值得妳去記得。

只要妳願意，這份感情可以更早結束的。

原來一份感情的真正結束，就是妳終於又找到自己。

29.「真愛」不需要說服或懇求，就會自己留下來

　　那是妳在生命的某個時刻，曾經那麼勇敢地等過一個人，妳等著他出現，反覆練習了千百遍妳的說詞，妳要說服他留下來，繼續留在這份你們好不容易才建立起來的感情裡。

　　妳已經練習了很久的理性，正在他漠然的表情裡慢慢瓦解……妳不知道自己的聲音是從何時開始變成哀求，妳卑躬屈膝、語氣顫抖，在朦朧的淚光裡偷偷閱讀著他的表情，他心軟了，他還有心，妳忍不住破涕為笑，因為妳知道他的漠然已經變成沉默，妳知道他又留下來了。

　　妳一直以為那就是為愛努力的過程，起碼在每一次他又被妳說服的那一刻，妳對那份愛就又會充滿希望。但生活總是那麼容易就又更換了場景，然後妳很快地就在下一個場景裡發現，原來

在那次的把話說開之後，你們還是沒有「一起」解決問題，只有妳隻身在為愛奮鬥，在那份「好不容易」才建立起來的感情裡，「好不容易」的人一直都只有妳；而明明是妳又說服了他，是他又同意了妳的說法，可是為什麼後來卻是妳越來越沒有立場去要求？為什麼妳後來會感覺，自己的許多渴望竟是貪求，而妳一旦貪求了就會永遠地失去這份感情。

對一個人承認無法失去他，那是妳的秘密，而妳連自己的最後一個秘密都交給他。妳曾經以為交出自己的尊嚴，會讓你們更親密，後來妳才發現，一個真正愛妳的人，根本不會忍心看妳踐踏著自己的尊嚴。就像妳最後才看清的，原來妳當時苦苦哀求著留下的，並不是幸福，而是延期的告別。

在他離開之後，也許妳也終於做到用一個優雅的轉身，跟那份愛告別。但在那個我們還不懂得故作優雅的年紀，大多數的我們，還是選擇等。我們已經意識到對方應該不會再回來，所以我們等一個理由，我們覺得自己足夠勇敢去接受，對方坦白地告訴我們，最後離開的理由。我們希望那個理由很充分，也許充分殘忍，也許充分合理，因為那樣才會讓我們比較好過。

後來妳才明白，這個世界根本不存在一個會讓妳比較好過的

理由，因為再好的解釋，終點都一樣是分開。走出來的路，沒有捷徑，妳的等待、猜測，都只是更延遲自己出發的時間而已。

妳這才懂了愛的無法勉強，勉強的愛，總是很容易被忽略，很容易被取代，甚至，一下子也就被忘記了，只剩下妳從頭到尾地寂寞著。而妳其實從來沒有成功地勉強過他，他只是無所謂。妳從開始到最後，勉強的都只是自己而已。

原來他不能給你一個肩膀，甚至連最基本的擔當，都給不起。現在發現了，總比最後才知道好；現在花一點時間傷心，總比最後什麼都沒有好。

不想停留的愛，就讓它自然而然地淘汰，那很自然。因為真的愛，不需要說服或懇求，就會自己留下來。

30. 能把妳放進心底的, 才是「愛」～～

　　妳知道這份愛並不公平。從各個角度來看，的確就是這樣。

　　就算再忙，妳知道自己都還是記掛著他；可是他要等到空閒的時候，才會偶爾想到妳。妳看見自己喜歡的東西，會馬上試著去揣摩他的喜歡，幫他也帶上一個；妳已經訓練好自己，不要期待他的回饋，不要再期待心裡想像的那些浪漫的情節，會真的發生。那不是一個容易完成的訓練，可是妳竟然也快做到了。

　　妳告訴自己，有時甚至接近怒斥：愛情本來就沒有公平可言，妳如果真的愛一個人，就不應該這樣斤斤計較。

　　妳知道那是因為妳比他聰明。但那好像也是「聰明」的宿命，大多數聰明的女人，她們在許多地方成功，可是在感情裡悲傷。

126

妳不知道自己是天生聰明，還是因為後天的努力，關於「愛」妳給自己的模擬考很多，可是那些題庫從來沒有真的命中過妳真實的愛情。妳發現每份感情要走的路都不一樣，而你們的這份唯一能夠前進的方式，就是妳必須好好照顧自己，因為他總是覺得妳一定可以、妳很堅強。妳羨慕那些看起來笨笨的女孩，因為她們看起來比較需要、也比較容易照顧，妳不知道她們是真的笨，還是絕頂聰明；就好像妳後來也覺得他其實是聰明蓋世，因為妳必須想那麼多、做那麼多，可是他就只要輕鬆地讓妳喜歡就可以。

　　我們明明應該在一份投入那麼多的感情裡變得更好，卻變得更討厭自己。妳厭惡自己的計較和聰明，妳在那場精疲力竭的愛裡最後學會的並不是愛錯了人，而是妳覺得自己也許並不適合愛，妳覺得愛很複雜，而愛最複雜的是妳明明想追求的只是最簡單的快樂，可是最後卻心酸得那麼複雜。

　　妳不擅長、也不愛計較，妳不知道為什麼自己遇到感情會變成這麼小家子氣？妳覺得錯的應該是自己，妳不夠輕鬆、不夠自然，妳根本就是動輒得咎。

　　不知道經過多久，妳才參透。不知道妳是在複雜過後的風停

雨停裡，才看清楚；還是因為妳遇見了另一個人，才終於看懂了事情的簡單。原來那些我們努力在爭取，同時又努力地告訴自己不可以的，其實一直都跟公平和強弱無關，我們真正想說的、想要的，就只是希望對方把我們「放進心底」而已。

能把妳「放進心底」的，才是愛。那個人也才從此多了一雙眼睛，就算妳再堅強，也能輕易地就看出妳的脆弱；就算妳再聰明，也總還是會為妳擔心；就算再遙遠，也那麼快速就懂了此刻妳正在想念他的孤單……那就是每一份被「放進心底」的愛的直接和簡單，它們跟公平、強弱都無關，它們只跟愛有關，愛本來就是兩個人的想念和牽掛。

不曾把妳放進心底的，總是一轉身就可以把妳忘記；而妳在那麼多年以後，竟然還是會突然想起他。妳知道你們的差別在那裡，那是妳現在唯一會提醒自己一定要計較的，妳不會再欺瞞自己，就算對方想要假裝也演不久……

無法將妳「放進心底」的，就不是「愛」。

31. 能給妳「安全感」的男人, 才能牽著妳走到幸福

　　妳在愛情裡遇見過一些人,他們曾經給過妳一些身分。妳第一次得到的身分叫做「情人」,那是一個會讓人又雀躍、又專注的身分。妳一直以為「情人」是一種認證,是當妳終於認定了一個人,就會要求自己不要輕言放棄。

　　後來,妳才明白,對很多人來說,「情人」只是一個選擇,而不是承諾,所以他們可以隨時改變那個選擇,可以很快就選擇別人……那是妳在一次次的傷心裡終於看懂的,一個用嘴巴把妳叫作「情人」的人,如果他的眼睛看不見妳的獨一無二,那他就不可能把妳放在心底那個永遠無法被取代的位置。

　　妳還曾經在愛情裡得到過的另一種身分叫做「寶貝」,那是一個很疼妳的人,某一天突然給妳的一個名字,妳覺得很甜,甚

至有點激動，那是妳覺得自己很接近幸福的時刻。

　　只是後來，妳才又明白了，原來對有些人來說，「寶貝」只是一個名詞，並不是動詞，於是他們可以輕易就忘記那個畫面……那是妳後來總是會一直提醒自己的，一個在妳身旁時會疼妳的男人，他們會讓妳快樂；而一個就算人在遠方，也始終記掛著妳的人，才能真的讓妳幸福。

　　那是妳在愛情裡最想得到的一個身分，那個身分叫做「伴侶」，是兩個人不只可以一起吃甜，也能夠一起吃苦。是當妳快樂，妳知道他也會替妳開心；當妳遭遇挫折，妳也非常確定，他不是超人，不一定能幫妳解決，卻一定會永遠在妳身旁，成為妳心裡那座最堅固的靠山。

　　現在的妳希望尋找的，並不是生命裡的彩虹，而是在人生的風雨裡，可以遮蔽的一把傘；妳希望得到最珍貴的禮物，並不是鮮花、鑽石，而是一份生活裡的踏實。從前，妳以為那叫做「愛」，後來妳才知道那叫做「安全感」。妳會遇見一些人，他們都可以給妳愛，而他們無法給妳的是「安全感」，妳這才懂了，原來「安全感」是來自於一種責任，是妳不用聽他說，就可以感受得到；妳也才終於理解了，原來每一份最後可以走入生活

的愛，並不是因為愛得更浪漫，而是相愛的兩個人，都給了彼此最充分的「安全感」。

愛不是生活，是「安全感」才讓一份愛成為了最平凡也最美麗的生活。

妳知道那也許可遇不可求，但更重要的是妳自己，當妳又遇見了一個人，當他又給了妳一個身分，妳有沒有記得檢查，他所能夠給妳的那一切，裡面有沒有最重要的「安全感」?!

從前，妳勇敢追尋愛；現在妳更學會了勇敢去選擇。一個不只給妳愛，還能給妳「安全感」的男人，才能牽著妳走到幸福。

32. 就算無法「相信」愛，
也要勇敢「相信」最後一定會幸福

　　妳把「相信」交給他，後來，妳終於離開他，拿回了所有的東西，可是再也拿不回「相信」。

　　是的，妳發現自己失去了「相信」的能力，因為把「相信」交給一個人，就要準備傷很深。

　　有陣子妳會經常回想他說過的那些話，那些妳事後複述，自己都覺得漏洞百出的話；還有他曾經做過的那些事，在那一刻都如此地觸動過妳，那感覺直到現在依然鮮明，然後就像嗜甜後總會引來的胃食道逆流，那一陣灼熱的心酸，每次都一樣侵蝕入骨……

　　可是妳當時竟然都深深地相信了。

妳檢討過自己，有沒有在那段感情裡應該注意而沒有注意？應該作為而沒有作為？後來，妳決定算了！妳覺得那樣的檢查也只是徒然為難自己，然後在那片惘然裡，說不上是看透還是看破了：愛本來就是以「結果論」的，那些成功的人，不一定都是最聰明的；而那些不幸落敗的，即便再精明蓋世，也一定都還有破綻可循。而當時那麼相信愛的我們，毫不考慮就交出了我們的「相信」，我們真的不是故意犯錯的！我們總是要到最後才能發現自己錯信了人，然後百口莫辯地承認那是一場過失，我們是愛的過失犯。

　　妳唯一能想到不再犯錯的方法，就是不再相信愛，妳不再對任何人交出妳的「相信」。那是妳後來稱不上快樂，卻起碼平靜的好一陣子。也只有妳自己知道，也許妳真的可以不再相信愛，可是妳無法不再希望幸福；也只有妳自己知道，當妳一個人走在大街，看見身旁的戀人們走過，其實也並不是真的就那麼無動於衷。

　　於是妳想起當年的那個學步的女孩，她也曾經跌跤，也曾經害怕，可是卻從來沒有停止想要走向更大的世界的企圖。後來她也真的會走、會跑、會跳了，她之所以能看見更大的世界，是因為她從來沒有被那些害怕真的絆倒過；是因為她真的相信，這一切都只是我們終將要向未來起飛的過程。

如果我們不放手去「相信」，那我們怎麼繼續往前走？去看見愛更多的可能，去發現對方是不是真心？妳最需要的「相信」，是「相信」自己，相信自己就算跌倒了，也一定有再站起來的能力。

　　因為要再學會相信，真的很難。所以當妳真的找到一個可以讓妳相信的人，其實也就等於找到了幸福。那是妳再也不用說服自己去相信，而是當妳遇見了一個人，他會讓妳安心，撫平妳所有的疑慮，是他又重新賦予妳相信的能力。

　　妳這才明白，原來我們根本不用害怕自己會失去相信的能力。因為「相信」並不是一種「能力」，而是一種「結果」。不是既然愛了，就只好強迫自己去相信；而是因為彼此都真的深深相信了，於是才真的成為了愛。

　　就算無法「相信」愛，也要勇敢「相信」自己最後一定會幸福——那就是每個想要幸福的人，都一定要的勇敢。這不是妳第一次聽到這個道理，這是當時的妳，當年的那個女孩，早就已經做到過的事。

33. 一直牽手走入新階段，愛才會久長 ⟶

「角子，我的前男友在我們交往的第七年劈腿了！我以為自己已經走過去了，可是後來發現並沒有！我在這段新感情裡變成一個多疑的人，尤其是當我發現他對我跟以前不一樣的時候，就會開始猜疑，因為前任的變心，就是從這些小地方開始的。我覺得很苦惱，是不是在一起久了就會歸於平淡？我的朋友跟我說男人本來就是『喜新厭舊』的，真的是這樣嗎？」

這是一個網友的來信；這是一個在許多愛情的後來，都很容易發生的場景。那是他第一次拒絕妳，是他第一次讓妳感覺到，你們的愛好像跟從前「不一樣」了！妳錯愕著，想了許多他變得不一樣的理由，「也許在一起久了就是這樣」最後妳只能這樣安慰自己。

每份感情的開始都一樣浪漫而甜蜜，可是它們最後的結果卻很不一樣。而那些「不一樣」的發生，之所以會讓人擔憂，就是我們害怕這份感情，會從此跟以前不一樣吧！

　　於是妳開始認為，愛情的甜也許只是一層表面的糖衣，會隨著時間逐漸褪去甜蜜。當妳越覺得那份感情已經不再是昔日的滋味，妳就越容易懷疑他；當妳越懷疑他，妳就越容易懷疑自己。妳開始相信感情裡的「七年」，不！妳更相信後來有人說的「三年」之癢，妳覺得那就是人性，而那真的很不公平，因為明明變的人是他，可是一直流失掉自信的人卻是妳。

　　可是，妳也知道，愛本來就是一直往前走的，那就是愛的「階段性」，我們應該在這個階段看見的愛的重點，檢視愛的標準，本來就不會跟上個階段一樣。

　　我們應該在愛的每個階段堅持的「一樣」是：對方的那些「不一樣」，是不是也跟妳後來的不一樣一樣，都是為了讓這份愛更好。他是不是還是一樣願意貼近妳的心？是不是即便吵架了，彼此在事後都還是會願意從對方的角度去想？是不是都還是清楚地知道，對方最近正在困擾跟忙碌著的事情？是不是還是那麼堅定地相信，自己一定是那個全世界最能夠安慰跟鼓勵他的人呢？

妳一定會變，妳會變老，就像他後來也會變胖、變禿，不變的是你們總是一起牽手走過。你們不是因為最後真的有好的結果才讓愛又變得更好；你們是因為在過程裡看見了彼此的努力，於是下定決心，最後一定要讓這份愛變得更好。

　　你們一定會面對誘惑，讓你們不動搖的並不是誓言，而是珍惜。是你們在過往的那些點點滴滴裡，都真的感受到了，兩個人要一起走到這一刻，是多麼不容易。

　　而我們總是要在那些愛的歷練裡才終於懂了：原來一個一開始對的人，其實也只是對了一半；你們還有一半的課題需要練習。你們的愛，不是只有一時，而是像你們的人生一樣，也會不斷地進入新的階段。

　　妳在感情路上真正要找的「伴」，並不是一個讓妳快樂一時的人，而是一個願意跟妳一起牽手走入不同階段的伴侶。每個階段，都有不同的風景；妳在每個階段的美，他都懂得欣賞跟珍惜。

　　喜新「厭」舊，說的經常是光鮮卻短暫的一刻；喜新「戀」舊，才是長遠深邃的積累。那就是每一份好的愛後來，它們的每一次「不一樣」，都是一個更好的開始；而坦然接受著那些「不

140

一樣」的戀人們，他們從不害怕，因為他們知道，要一直牽手走入新的階段，愛才會真的久長。

34. 傷心,就是妳又獲得一次尋找真愛的機會

「角子,請問你還有出別的書嗎?我在網路上搜尋很久都沒找到⋯⋯哈!好奇怪,每次寫信給你都會很想哭。」

我看著這則FB短訊,這不是我第一次收到她的信。早在一個月前,她的貼心就讓我印象深刻,從信的開始就一直說:「抱歉,打擾了!」接著說了自己的故事,最後終於在我的書裡找到答案,謝謝我的分享,結論是她會繼續加油——我完全不用處理什麼,反而是她鼓勵了我,因為她說《13劃,愛》是她第一本為自己買的書。

我也不認為,自己是真的寫出了什麼厲害的東西,但我知道那是一種陪伴,尤其是當妳不想再麻煩任何人的時候,妳會努力去找到一種讓自己安靜的方法,與其說它是陪伴,倒不如說它

更像一種止痛藥。那是我們在傷心期都曾經試過的方法，我們覺得很有效，以為可以就那樣平靜地過下去，直到某一天心又突然疼起來，我們才發現原來自己需要更強效的藥，還需要更長的時間，才能夠真的痊癒。

　　妳對感情並不貪心，對幸福更不心存僥倖，妳很早就知道人生很多事情，都必須要努力才能獲取。妳沒有急躁，妳是想過了才接受那份愛，但後來妳覺得自己也許還是錯了，錯在妳太認真，因為妳認為接受一份愛就等於接受一份責任。也許你們的差異就是從這裡開始的，他只是認為妳很難追，僅此而已；可是妳已經準備好要在那份責任裡展開新的生活。

　　妳在那場新生活裡改變了很多，妳一直以為那就是包容，是為了讓愛更好而必須做的調整。妳的看法並沒有錯，妳看錯的是「時間」，是妳明明看見了他的問題，卻還眼巴巴地盼著、相信著，只要妳更努力，就一定可以等到他的改變；而妳在那場漫長的等待裡唯一等到的，是妳的終於明白：一個人的退讓，總是退向寂寞；只有兩個人一起攜手的退讓，才能一起助跑，才能在下一次躍向幸福。

　　那就是妳的體貼，妳總是默默地受傷，又想辦法自己努力

默默地好。妳唯一能管好的，只有自己。於是妳努力在那場分手裡，把所有的眼淚和對白都留給自己。

妳告訴自己，甚至是哀求自己，那是妳想留給自己最後的體貼，妳可以看錯一個人，可是可不可以不要連自己最後的尊嚴都拿出來被踐踏。

妳正在離開傷心，妳不知道究竟要走多遠、多久，才能真的遺忘……於是，妳想再找一本我寫的書，找一種藥效更強的藥。只可惜遺忘太難，而這個世界也不存在著傷心的特效藥。所以傷心的人，才總是要奮力向前，直到妳可以做一個計畫、去一個地方，而不再認為他不在身旁，會是一種遺憾；直到，妳不再認為自己是被遺落的一個人，感覺自己是走在一條全新的道路上了……

我們就是在這時才懂了，原來走出傷心憑藉的並不是遺忘，而是妳終於又可以用一種新的角度去看這個世界，去看見那些更值得妳付出的人；原來要走出傷心，並不是要拉開我們跟傷心的距離，而是當我們一旦選擇跟傷心相反的方向，就已經踏上另外一條幸福的路了。

說真的，當我看見那句「哈！好奇怪，每次寫信給你都會很

想哭。」其實我也突然心酸了。那個體貼的女孩，因為突然壓制不住的傷心而想哭；而我想起的，卻是當年曾經對自己的苦苦相逼，是多麼的殘忍而沒有必要。

親愛的，妳總會明白的，其實妳沒有失去，而是重新又獲得了；妳總會看見的，原來傷心，就是妳又獲得尋找真愛的一次機會。

35. 也許他真的很好，
可是他不會給妳幸福

　　妳知道自己愛上了一個不該愛的人，可是他真的很好，各方面都是妳喜歡的型，他唯一的不夠好，是他對妳的喜歡，並不是愛。

　　妳也知道，讓自己在這份關係裡停留得越久，將來的傷害就越大。可是，大多數的我們，最後還是沒有離開。真的，我們很痛苦，但我們也捨不得離開。

　　那可能是妳在某個年代單戀過的一個人，那是妳用友情當作糖衣，曾經包裹過的一份苦愛；那也可能是妳現在正在進行中的，一份妳好似什麼都明白，卻也好像什麼都沒有答案的愛。

　　不是妄想，也沒有高攀，妳是真的很誠實地檢查過了自己，妳覺得你們真的足以匹配對方……但事實就是這麼奇怪，越是經

過這種理性分析過的感情，最後的決定就越不科學。妳沒有委屈的必要，但妳還是妥協了！妳明明知道那不像妳，可是妳還是默默地改變自己。妳最大的改變，就是妳再也無法在一份關係裡要求公平。妳有時候會覺得自己好像做到了，做到可以對這一份關係究竟是什麼，真的不去計較——那是當他就在妳身邊的時候；可是有時候也只要一點點小事，就可以把妳徹底擊潰——因為妳那麼明白，當他一個人的時候，他的世界裡可以完全沒有妳。

說不上是幸運還是殘忍，妳在那份關係裡停留到真的親眼目睹了，他遇見了他會愛的女孩。如果那個女孩真的很好，那很好，妳承認輸；如果她沒有，那妳還是輸。這絕對是一場跟「公平」無關的競賽，可是妳還是忍不住比較了，而當妳越比較，只會越發現自己的低下，她勝之不武，妳敗得徹底！妳怪她，也怪他，到最後發現妳真的只能怪自己。妳終於看清楚的，並不是那個終於出現的女孩，而是什麼才是「愛的重點」。

「愛的重點」並不是什麼才是對方會喜歡的女孩？也不是妳究竟應該如何做，才能讓一個沒有靠緊妳的人喜歡妳？「愛的重點」一直只有一個，就是他究竟願不願意努力讓妳幸福?!

妳沒有錯，妳第一眼就看出了他的好，於是妳用了自己的

好，想去交換他的好。

可是一個不願意給妳幸福的人，就算妳交出了自己的一切，甚至是妳最珍貴的自信，還是交換不到幸福。

愛是一種直覺，說不清楚的相愛的理由，是戀人間永遠的謎。他們的幸福，比起妳的辛苦，容易太多太多……被排除在外的我們，終於寂寞地在他們幸福的表情裡看懂了，原來為一個人無悔地付出，並沒有那麼偉大；那些付出之所以偉大，是因為被在乎，是因為每一點、每一滴，都是對方眼中最感激的幸福。

所以，從此要更珍惜自己的好，只把妳的好，交給那個也願意盡力對妳好的人。妳在那份辛苦的感情裡，更確定自己想要的是愛最珍貴的「平凡」，是兩個人始終在一起的平凡生活。而你們會覺得彼此始終是在一起，並不是因為你們總是形影不離，而是妳始終確定地知道，不管這個世界將會發生什麼，他都會為妳，一直守在那裡。

每一個對愛用心的女孩，都值得被珍惜地對待。她們努力著，笑了、哭了，最後一定也會提醒自己去記得：

也許，他真的很好，可是他不會給妳幸福。

36. 兩個人總是「一起努力」著，才是真的「幸福」

　　妳聳聳肩，很想說些什麼卻又說不上來；稱不上悲傷，可是離快樂的記憶卻又有點遙遠了——那就是妳現在對「幸福」的感覺。

　　妳不是一個人，妳已經在一份感情裡有一段時間，那段時間說長不長，妳還是可以想得起來剛開始的美好，一起去過的地方，一起喜歡和不喜歡的事。當時的你們，比較像一個共同體；你們在一起的時間，說短也不算短，足夠妳發現你們的幸福已經陷入一種膠著，你們幾乎不再一起前進，你們的愛現在是一種周而復始的循環。

　　妳不說，姊妹淘們也不會特別追問妳的感情，因為大家覺得妳的感情應該是很穩定的。她們的狀況比妳更急迫，她們有的苦戀、有的情傷……那讓妳的抱怨顯得很多餘，就好像每次當妳想

跟他溝通，就會看到他不耐煩的表情。妳從一開始會發火到後來好像也開始慢慢接受，因為他習慣說的那句「不就是好好過日子嗎?!」立場堅定到連妳都動搖了，妳真的開始懷疑，是不是自己在找麻煩？妳一併懷疑的是「幸福」，幸福是不是當妳一旦被「認定」，就要開始「認命」呢?!

他沒有對不起妳，只是對他來說，生活裡有其他更重要的事情，都比妳口中抽象的幸福，更具體而實在。妳不想繼續爭吵，於是妳開始練習用他的價值觀去看待這份感情，妳發現自己做不到！因為妳驚覺要做到的方式就是不再顧慮對方的感受，而我們真的可以做到不在乎對方的唯一方法，就是不再把對方放在心上。

妳不怪他，即便妳真的是耗費了一些青春和心力在這段感情裡；就好像妳也希望他不要怪妳。妳努力過，也盡力了！妳覺得你們到底還是不一樣的人，妳終於明白那些說後來因為「不適合」而分開的戀人，他們大多數在後來發現的，並不是個性的不適合，而是他們對於「幸福」的認定並不一樣。

妳要的「幸福」，是一種持續前進，而不是到達就停止。幸福不是單方面可以作為，而是要兩個人都願意一起努力。是兩個人都要在那份感情裡變得「越來越好」，不是物質的好，而是彼

此都在那份感情裡得到安定、了解，還有越來越多的珍惜。

妳知道「幸福」到後來就是一種「日常」，但日常並不是「簡化」，而是要「簡單」得更耐人尋味。是彼此都懂得在那些日常的小日子裡，不只感受自己，也願意感受對方；是彼此都看見了對方願意用上自己的人生，只為了一起架構這份平常，是多麼的珍貴和不容易！

一個真心想跟妳好好過日子的人，一定會願意好好聽妳說。很多經常把「只想好好過日子」掛在嘴上的人，其實是因為他們並不想了解對方。妳現在懂了，每個人對愛的追求都不一樣，妳要的是幸福，也許他只是害怕寂寞。妳知道無法勉強他，可是妳也不會再勉強自己。

這世界「幸福」的樣子看似很多，但其實就只有一種……

兩個人總是「一起努力」著，才是真的「幸福」。

37. 要經歷過那些「最愛」，最後才能看見「真愛」

　　我們都希望在第一次戀愛的時候就遇見「真愛」，但事實是我們還是經過了一些人，他們帶給妳的快樂和傷心，都不一樣。一樣的是，他們最後都沒有成為妳的「真愛」。

　　那是妳在某一次的痛徹心肺後給他的一個冠名，妳把他放在「最愛」的那個位置，都已經那麼傷心，卻還要賭氣地恐嚇自己：「我已經無法再愛了！」後來，我們才發現自己當時下了這個結論的倉促，因為只要夠愛，我們還是可以再愛上另外一個人。沒有人會要求我們必須為說過的話負責，所以我們當然也可以再把那個「最愛」的頭銜，送給另一個，後來讓我們更心痛的人。

　　當我們真的走了一段感情路，當妳終於可以把那些記憶攤開，就像股票線性圖那樣把時間軸拉長，妳才真的看清楚了：

嗯！妳沒有偏頗，是真的持平而論，他是妳的「最愛」。妳這一生曾經為愛瘋狂的事情很多，可是裡面的經典之作幾乎都是因為他，回想起來妳還是會忍不住微笑，伴隨著那股微微的心痛⋯⋯妳終於可以確定他是妳的「最愛」，是因為直到今天妳想起他，妳發現自己雖然有怨，但卻依然無悔。

　　妳的「最愛」是哪一個人呢？

　　如果此刻妳也真的回首了，開啟了那場「最愛」的選拔賽，也許馬上就有答案浮現，也許妳還在回憶裡踱步不想走開⋯⋯請問妳最後是不是也跟我一樣發現：「最愛」的，經常就是給妳最少的那個，因為他給妳的，並不是愛，而是意料之外，所以才被妳深深記得；「最愛」的，都是愛不到的，總是倉促到我們都還來不及去發現它的瑕疵，就已經結束。

　　想像中的旅程，總是比較完美。直到妳後來終於跟一個人展開了一段愛的旅程，你們很像，跟這個世界大多數的人也都很像；你們都不是彼此的初戀，也都在愛情中受過一點傷；雖然你們並不曾問過彼此，但你們也都曾經各自有過「最愛」的名單⋯⋯那是你們一起看的愛情電影，妳想忍住卻還是忍不住哭了，因為妳好像看見了當時的自己，妳不知道自己哭的是當時的傻，還是

現在的好不容易；是當時的痴狂，還是現在的終於被珍惜。

　　然後妳一轉頭，竟然發現他也在偷偷地擦眼淚，妳知道他的感傷裡一定有從前，一定有當時的某個人。不過，那沒有關係，因為這部電影真的很感人，那麼輕易就啟動了你們心中各自那個「最愛」的傷。妳知道他為什麼哭，那就是妳突然轉過頭去看他的原因；妳其實還想說謝謝，謝謝他後來可以跟妳一起走過，還有對妳的疼惜，他一直沒有離開，於是他沒有機會成為妳記憶裡的「最愛」，他一直是妳的人生裡最真實的愛。

　　我不知道妳現在心底的畫面是什麼？是想起某個人，還是當時的自己？最後是不是也跟我一樣終於明白了，「最愛」也許很美，但它的美總是來自於心中的遺憾，也只有當我們終於走過那些心碎，才會了解愛最珍貴的並不是那些還來不及發生的情節，而是一份始終在妳身旁的真實依靠。也許那就是愛的過程，我們總要經過那些「最愛」，最後才能看見最適合自己的「真愛」。

38. 離開一個不懂得珍惜妳的人，
就是妳終於轉運的開始

妳一定是很盡力地去愛了。

所以，最後才會那麼盡力地，想把他留下來。

什麼樣的分手方式，才是真的完全沒有轉圜的餘地呢？他在那場分手裡說的話，每一句都足以擊碎妳的心，都足以讓妳咬著牙轉身離開……妳一個人裝作若無其事地走了好久，大街上那些妳明明不必在乎的陌生人，妳用逞強來證明自己的勇敢，可是一想到他，妳就突然軟弱了，終於妳用過分的大哭爆發出來……妳看見了！妳竟然看見那些路人們給了妳同情的眼神，連這些陌生人都懂得妳的心酸，而那個讓妳付出一切的人，剛才卻在妳的淚眼裡，看起來那麼冷靜、漠然，那是妳的第二次心碎。

妳不知道自己究竟是勇敢還是懦弱了？不知道自己是變聰明還是更笨了？不知道，自己究竟是走遠了還是從來沒有真的離開？總之妳又出現在他面前，帶著足以讓自己相信的理由，相信他會迷途知返；可是妳帶給他的理由那麼薄弱，一不小心就動用了祈求的語氣。是的，妳求他了！那不是妳，那就是愛總是會把我們變成的另外一種樣子；當妳終於開口求他的時候，妳卸去所有防備的心那麼赤裸，妳不知道自己究竟是變高尚還是卑微了？而你們在那一刻究竟是更靠近了，還是更遙遠了?!

　　最後，直到妳連自己都說服不了，直到妳真的再也無處使力了，妳才終於明白，原來「接受」也是妳應該盡力的一部分。接受一個曾經對妳那麼好的人，最後真的可以不再在乎妳；接受一個曾經跟妳那麼靠近的人，原來走開了，也可以過得跟從前一樣好；接受當你們成為這世界再不相干的兩個故事，他可以繼續揮灑，可是妳卻要那麼盡力，也只為了不讓自己成為一個悲劇。

　　「接受」真的很難，所以才要盡力，所以妳才會直到現在還在努力。而我們就是在那樣的椎心刺骨裡，才把腦子給痛清醒了，才看清楚了：原來這世界並沒有真正的「錯過」，會錯過的，都是因為留不下來；感情的路上也沒有真正的「遇見」，能遇見的，都是兩個人故意停下來等對方的結果。

他沒有等妳。想留人的人，最後往往也只能留住自己。但起碼盡力了，問心無愧了，妳真的沒有對不起這份感情了。

有時候妳會希望得到朋友的關心，但妳經常也害怕那樣的關心，妳希望自己看起來是真的很像已經從那段感情裡走出來。這世界所有的「盡力」，都那麼容易就看得出來，只有感情的盡力，無聲無息，卻又需要那麼大的心力。

妳終於明白，自己應該保留住最大的盡力，去給那個真的懂得珍惜妳的人。於是妳起身，出發。幾乎沒有人看出妳的改變，可是妳知道自己真的不一樣了，因為妳真的知道：離開一個不懂得珍惜妳的人，就是妳終於轉運的開始。

39. 在轉身那一刻，看見更美的自己

　　很多事其實都早有跡象，只是妳選擇不面對而已；很多畫面其實都在我們的心中預演過，只是我們選擇不看見而已。

　　那天，說好就此分手的那一刻，不管那畫面看起來是你們誰先離開，妳都一定是比較晚走的那一個——妳把自己的靈魂留在那裡……在妳偷偷轉身的那一刻，妳看見了，他的離開變成一個真實的畫面；妳才發現，原來悲傷永遠無法預習，妳在轉身那一刻看見的是他的無情和妳的恐慌。

　　「難」從此變成妳簡化一切的答案。妳的生活開始變得很「難」，任何從前兩個人一起去做的事情，對現在一個人的妳來說都是一種挑戰，妳咬著牙跟自己說妳可以，也好像真的做到了，但全世界也只有妳自己知道，其實妳最後還是功敗垂成了！

因為妳還是會想他，想著他如果還在該有多好……妳的感傷就像現在很流行的筋骨傷，妳越在意疼痛就越難好，直到妳故意忽略它，開始努力運動，突然有一天妳發現自己竟然已經不再疼痛。

　　那是妳突然又轉身的那一刻，這一次妳看見的，是終於離開的自己。妳終於看清楚，「無法」一個人跟「不習慣」一個人，是不一樣的。妳不會真的「無法」一個人，因為妳從前也是一個人；而我們打破「不習慣」一個人的方法，就是去創造更多新的習慣。妳努力讓自己像一台坦克車那樣，輾過從前那些習慣的鏈結，用新習慣取代掉舊習慣，用新記憶覆蓋上舊記憶……那的確辛苦，但卻絕對不會沒有進度；妳不再說「難」，那是妳終於懂的，如果我們連最困難的委屈自己，當時都那麼輕易地做過，這個世界又有什麼是真的困難?!

　　妳開始習慣一個人，妳沒有覺得一個人有多好，但起碼比起從前好──那是每當妳又想起從前，想起自己從前的辛苦，妳努力去成為他生活的一部分，可是卻無法讓他想念妳；妳努力讓自己成為他的習慣，可是卻無法把依賴變成愛……妳在那一次次的回頭看裡漸漸明白，感情裡單方面的努力，都是自欺欺人。努力為的一定是現在的幸福，而不是遙遙無期的盼望。

妳開始享受一個人，那是妳一個人的安靜，妳在那些安靜裡真的想清楚了，誰才是真正愛妳的人？什麼才是妳無法自己給自己的？妳終於明白，先弄清楚自己真正需要的，才出發去尋找，會比把自己所有的快樂都寄託在另一個人身上，要踏實得太多。

　　妳真的知道，一個人是一種狀態，而不是生命的階段。妳不會一直是一個人，已經是兩個人的，也有可能選擇再成為一個人。所以，妳不會從此只相信一個人的快樂；也不會再為了要一直兩個人，而委屈自己。

　　從前，妳總是被選擇；現在，妳也可以勇敢做出選擇。從前，妳希望自己喜歡的人，也能喜歡自己；現在的妳更希望自己也能夠在那一份愛裡，越來越喜歡自己。

　　那就是妳現在走在「愛」這條路上的心情。那就是此刻當妳再度轉身，一定會看見的，原來就是當時的那一切，才淬鍊出現在這麼美麗的妳。

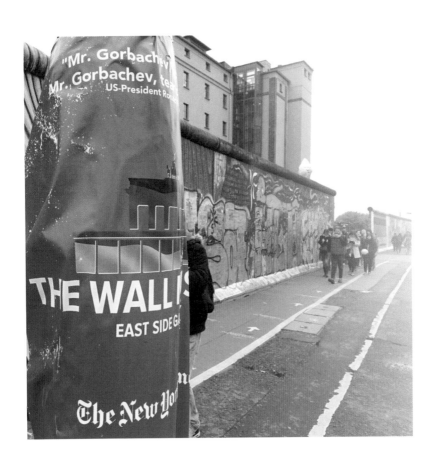

40. 妳知道，
妳總會好起來的

　　這不再是一個愛情故事，因為所有在那個故事裡跟「愛」有關的，都已經成為過去。那比較像是一部愛情電影結束後的幕後花絮，而且很容易就看懂了：裡面彩色的畫面，是現在的妳；而黑白的畫面，是緬懷，是回憶，是已經離開這個故事的他。

　　那就是妳現在的生活、現在的狀態，當所有的人都認為妳早就「應該」從那段感情走出來……妳不想辯白，也不再像當時那麼需要別人的建議，妳沒有說出真心話是因為妳不想再拖累大家。是的！妳還沒有好，妳還在努力，還在走出來的路上。

　　妳讓自己看起來「應該」是還不錯的。再深情的悲劇，也還是比較適合出現在螢幕裡，別說身邊的人，連妳都討厭自己哭哭啼啼的樣子。妳懂，妳完全理解，當別人已經跟妳說完所有的道

理後，如果妳還不肯做到，那就是妳的錯了。妳唯一不懂的是「應該」——當所有人都認為妳「應該」要看清楚的時候，為什麼妳總覺得自己的心還是不肯去明白？當所有的人都認為那段感情「應該」徹底成為歷史的時候，妳卻發現自己竟然還在那段感情裡生活。

妳不再哭了，妳感嘆，妳用安靜的方式感嘆著這個世界的熱情，妳覺得這個世界的愛很不公平，因為妳就是天生愛他比較多，所以他無傷，而且最後還可以留給妳這麼大的傷害。妳已經不想再舉例，不期待別人相信，其實妳曾經花過多大的力氣想要快點走出來——好在妳沒說出來，在妳覺得自己好像痊癒了的那些時刻，最後妳發現自己還是沒有成功。因為妳的心還會痛，因為妳心底的那場辯論還在進行⋯⋯

妳需要一個答案，妳從一開始質問他，到後來詢問身邊的朋友。妳覺得很奇妙，明明妳努力經營的是一份感情，最後驗證的卻是友情，是更清楚了，誰才是那幾個一輩子都不會離開妳的人。關於那場愛，妳曾經在心底辯論過的主題很多，妳從跟他辯，再到跟朋友辯，直到妳發現自己最後竟然可以冷眼旁觀，看著心中的兩個自己，用希望跟絕望的角度互相辯論著，妳才終於冷靜下來。妳才發現，原來這份感情裡的所有人都已經離開，只

ARE YOU
READY ?

剩下妳。

　　妳好像漸漸懂了，從一開始的慌亂，慌亂著不肯相信，慌亂地想要說服對方，那是他的一個錯誤的決定，到後來妳開始明白，即便那個決定不一定是對的，卻還是他深思熟慮的結果。於是，不管對錯，妳都還是應該尊重他的決定。

　　就好像，即便朋友們那麼心疼妳，妳也希望他們可以尊重妳的決定。妳不再逼迫自己要盡快復元、盡快開始，因為真的放了很深的感情，妳已經很努力，雖然速度很慢，但是很合理。

　　就好像，妳現在覺得愛其實很公平，因為幾乎每個人都一樣，都會愛錯幾個人、受過幾次傷。所以妳才需要時間再咀嚼一下，讓那些過程把妳變得更好，最後才有機會，讓愛還妳一個公道。

　　妳知道，妳總會好起來的。妳在等，妳知道自己一直在等的並不是答案，而是等愛走開。等到妳確定知道那真的已經不是愛，妳就會離開。而那就是每個用情至深的人，最後跟愛告別的方式。

41.「自愛」是幸福的第一步

「5、4、3、2、1，新年快樂！」當這個世界的人們，紛紛用不同的語言喊出了祝福……2017年的第一秒，妳在做什麼？妳真的準備好，迎接一個全新的年度了嗎？妳許了自己的「新年願望」了嗎？

妳把擁有一份好感情的可能，交給運氣，還是自己呢？妳期待自己後來會遇見的幸福，是因為妳終於遇見了有責任感的人，還是妳覺得自己也要負一些責任呢？

妳遇見他，妳說自己已經很久沒有那樣喜歡過一個人，當妳說「已經很久沒有」的那幾個字的同時，妳也特赦了那份愛……妳一路縱容他的破綻，即便偶爾懷疑也很快就又可以說服自己，直到妳終於在那場大夢裡醒來，妳才發現2016年已經飛快地過去，

而妳在那一年裡為愛做過最多的，就是用想像出來的快樂，去對抗真實的痛苦。

自愛，那是妳在2017年答應自己一定要做到的。

自愛，是「自己要先珍惜自己」，只相信眼睛真的看見的好，不會只因為對方的三言兩語，就獻上自己的全心全意。最容易讓妳誤入歧途的男人，並不是事事如妳所願的男人，而是那種會一直跟妳說對不起的男人。

一個真心想對妳好的人，會因為做得不夠好而自責，而不會因為都沒有做而跟妳道歉。不用幫他找藉口，更毋須替他心疼，妳終會明白那些低姿態，對他來說也只是信手拈來，而當時讓妳苦苦執迷的原因，是因為妳不相信有人真的可以利用愛，去達到他要的目的，那是妳一輩子都做不到的。於是，我們不同流合汙，因為我們答應自己要好好珍惜自己，當妳再遇到這樣的人，妳已經學會要躲開。

自愛，是「自己要先愛自己」，離開會讓妳痛苦的人，是妳對自己的責任。愛很難阻止，當時候到了，愛就會自然而然地發生；愛經常也很難被預期，它會在何時結束。可是妳會知道自己

175

究竟快不快樂？妳會知道自己究竟是在兩個人的世界裡得到了雙倍的力量，還是妳一直是在「兩個人」的世界裡，承受著「一個人」的寂寞？

自愛，是妳越來越清楚自己「需要」的愛，跟「想要」的愛的差別。想要的，是夢幻；需要的，才是生活。那是妳回想了整個2016年之後，對自己最誠實的回答。妳發現自己最後想留下的，並不是行事曆上那些斑斕的節日；而是跟一個自己心愛的人，一起走過的那些平安快樂的小日子。

2017年的煙火燃起了，妳看過今年的煙火嗎？妳許願了嗎？妳在那一陣又一陣燃起的焰火裡，是看見了所有2016的過去，還是目睹了一個全新的自己，正在2017年等待著妳……

新年快樂，那不只是我衷心的祝福，而是一定會成真的事實。因為我知道妳已經告訴自己了，2017年妳會更「自愛」！那是妳的新年願望；而2017的妳也一定會更幸福。因為妳已經知道，也正在開始那麼做了：「自愛」是幸福的第一步。

42. 最珍貴的，
是愛裡的自由

　　「自由」在愛裡是一件很奇妙的東西。在愛的初期，我們捨棄自由，希望能跟自己喜歡的人，每個分秒都在一起。可是當時間一久，我們又開始懷念自由，想念從前只要想做什麼就可以去做，而不必再得到別人同意的日子。最後，當我們又孑然一身，當我們又失去一份感情，我們才發現，當我們想要拿回部分的自由，最後的結果經常是對方就索性還給我們，全部的自由。

　　我們開始認為「自由」跟「愛情」是互斥的，如果妳是一個很愛自由的人，那會有人告訴妳，妳也許並不適合愛情；如果妳是一個渴望愛情的人，那也會有人勸誡妳，妳不應該在一份愛情裡，還奢望擁有自由。

　　只可惜，「愛情」跟「自由」都是生命裡很重要的事情，

所以「愛情」跟「自由」還是會在我們的生命裡，交換著重要的順位。於是，我們會在單身的時候安慰自己：「這樣很好啊！一個人可以想做什麼就做什麼。」我們也會在兩個人的時候告訴自己：「還是有伴比較好啦！別再有那些什麼實現自我的念頭了！」我們其實並不確定，那究竟是我們的真心話？還是我們只是不斷地在提醒自己，已經做了選擇，而「愛情」跟「自由」，本來就只能二選一而已。

我們不相信複數的「自由」，不認為「自由」是兩個人的世界裡，一個該被用到的詞。我們一直那樣相信了很多年，我們束縛自己，也束縛著對方，直到妳遇見了一個人，直到妳終於鼓起勇氣跟他開口，說出那件妳很想一個人去完成的事情，是的！那是妳第一次開口跟他要一些自由。

那可能是妳的一個夢想，可能是妳很想一個人去完成的旅行，妳發現他不但沒有阻止妳，還在妳一個人完成那件事情的過程裡，默默地為妳擔心──妳這才明白，原來愛跟自由，不一定是對立的。而那個不但給妳自由，還願意為妳犧牲了自己的自由的人，就在那一刻，讓自由跟愛，站在了同一邊。

那是妳盼望了許久的夢想，妳帶著他給妳的愛和自由出發，

妳一直以為一個人的旅行，是為了聽見自己心底的聲音……妳卻不只聽見了與自己的對話，妳還聽見了另一個聲音，那是每當妳又看見了、又完成了什麼，就急著在心底要說給他聽的聲音——妳這才懂了，原來當妳真的很愛一個人，他就會在妳的心底生根，即便妳走向天涯海角，他也會永遠在妳身旁。而當妳想起他也正記掛著妳，妳才發現這趟旅程的起點，跟妳最後急著想要去向的終點，竟然都是他。

原來最珍貴的，並不是自由，而是你們明明給了彼此自由，卻又都捨不得揮霍，那才是一份愛裡最珍貴的自由。

妳知道人生很長，妳希望那份愛也能跟自己的人生一樣長，但妳也明白自由的重要。因為「一個人」不只是「兩個人」生活裡的短暫假期，我們不只在那段時光裡放鬆、沉澱……更多時候我們在「一個人」的時光裡了解了，原來自己是何等的幸運，可以讓我們遇見了那個人。

那個又給妳愛、又給妳自由的人。

43. 硬要「強留」的人，
最後只會弄丟自己

他都已經走了，妳卻還在那段感情裡不肯醒來。

這是妳最悲觀的一段時光，看什麼都覺得很悲傷；這也是妳最樂觀的一段時光，因為妳總是想著、想著就突然發現也許只要這麼做，事情就還有轉圜的空間，在那刹那世界突然出現一道光！妳在那道光裡看見的不是分開，而是你們只是「正在」分開。所以只要妳再努力一點就可以把他留下來，妳義無反顧就走上了那條「強留」的路。

「強留」的前身經常是「強求」。他沒有騙妳，這是一段從一開始就不公平的感情。在那份「強求」來的幸福裡，妳也沒有成功騙過自己，妳覺得那場「幸福」其實更像「幸運」。而幸福可以永遠，幸運卻常有期限。也許，妳真的會幸運一輩子；可是

為什麼妳的心底卻更相信那最後將會是一個悲劇，而妳只能祈禱自己永遠不會從那個夢境裡醒來。

　　妳的「強留」也不是毫無道理，他在那段感情裡曾經對妳的「接受」，都是對妳的鼓勵。他接受了妳對他的好，每一次他的回應，即便只是一個笑容，妳全都記得——那也是妳在那場「強留」的馬拉松裡所堅信的：如果你們曾經有過當時的美好，那妳就可以再把那種感覺找回來。

　　當朋友們都覺得勸不住妳，又或者說是妳辜負了所有人的期望，妳開始變成全世界最寂寞的人。沒有人理解，妳是多麼地需要這份感情；連妳自己都不理解，妳是如何走到這一步。那是妳後來一個人在那場等待裡前進又後退的步履、往前又倒帶的思緒，妳一直在腦海裡尋找的那個「記憶點」——那個就算很短暫、卻還是足以證明他應該喜歡過妳的證據，一次又一次地重複播放，直到那個影像開始模糊、殘破，那並不是磨損，而是連妳都開始對那樣的證據，覺得心虛。

　　妳一個人堅持前進，最後還是一個人跌倒了……那是每個強留過的人，最後都曾經痛徹心肺的一次清醒。終於我們在人去樓空的現場裡，用連自己都不忍卒睹的超低姿態才看懂了，原來

我們從來無法強留住誰，我們唯一能強留的，只有自己；原來「分開」並沒有進行式，那個說要跟妳分開的人，其實早就已經走開。

　　妳強留的並不是愛，被妳一直強留下來的，是悲傷。我們願意為愛付出代價，那就是我們總會在一場錯愛之後走過的悲傷。走過的悲傷，會讓人學會和成長；強留的悲傷，卻是無意義的磨損，它會先磨去妳的自尊、接著磨去你的自信，最後把妳磨成一個連自己都不認識的人。

　　復元的路很長，可是只要走上了，就一定會有終點；強留的路，卻總是遙遙無期。強求一個不再喜歡妳的人，最後只會連自己都不喜歡自己。

　　不愛一個人的理由可以有很多很多，可是愛妳的表現卻只有一個，那就是「只想跟妳在一起」。所以對於那個不再想回來的人，該放手就放手，該傷心就傷心，那就是愛必經的過程。

　　妳總會在一份感情裡認識到更多的自己：更懂得珍惜妳的人、更適合妳的愛。每一份愛，都有它發生的原因，讓每一份經歷過的愛，都成為讓妳更好的理由。

想走的，就讓他走！因為前方還有更值得的人，會希望妳好好珍重自己。而為了一個不再愛妳的人，丟掉自己，更是全世界最不值得的事。

44. 真正的「依靠」並不是妳單方去靠近，而是兩個人緊緊「互靠」

　　妳想要的，其實也只是一個「依靠」而已。

　　而大多數時候，我們會不小心錯愛一個人，就是因為我們實在太想要一個「依靠」的緣故。

　　妳曾經對那個「依靠」的想像很多，化成最簡單的字就是溫暖和安全。妳所遇見過的「依靠」，它們都曾經給過妳「類似」那樣的感覺。而我們之所以後來會用「類似」來形容那段「依靠」，是因為它們能夠讓妳靠的時間都不長；是因為它們起初給過妳的溫暖和安全，到後來卻都變成寂寞和悲傷。

　　妳不是隨便的人，妳不是平白無故就把自己的人生跟他的靠在一起。那是妳直到現在都還是覺得又珍貴、又充滿悔意的一

次記憶——就是在那一個「人事時地物」都剛好對了的事件裡，就好像妳形單影隻的人生裡，突然出現了一隻可以拉著妳攀高的手，突然出現了一雙可以圈住妳的臂膀……妳從不知道那件事情對他來說，是不是像妳心中所想的那麼特別？其實妳知道一定不是，因為那是妳千金不換的記憶。如果那場記憶不是那麼珍貴，不是那麼觸動了妳的心，那妳又怎麼會在後來的時光裡，把自己的心全然地向他靠近？！

這世界「在一起」的故事很多，「在一起」也是許多愛情必要的開始，如果我們想尋找一個「依靠」就不能害怕去嘗試每次都必須經歷的「在一起」。可是「在一起」卻不等於「依靠」。因為能夠「在一起」只是證明你們適合一起快樂；能夠「依靠」才代表你們也可以一起吃苦。

我們都曾經錯把某個人當成「依靠」，妳懂他的快樂，也分享他的苦，那麼體貼地沒有在他的人生的任何一部分缺席。妳一直以為那是因為他是妳的「依靠」，那是妳為了生命中最珍貴的事物必然地付出。後來妳才發現原來妳才是他的「依賴」，而「依賴」跟「依靠」無關，「依靠」是一種忠誠，而「依賴」只要換另外一個也願意為他付出的人就可以。

那是每個曾經走過一遭的人最後的學會，痴心的我們，總是非得要拿著自己的心那麼貼近地走近了，才明白越是我們自己刻意去靠近的「依靠」，往往就越靠不住；越是我們想像靠近了就會溫暖的「依靠」，最後經常會讓我們比從前更孤寂。

　　妳終於明白，真正永恆的溫暖是「相信」。是相信在這個世界上一定有一個跟妳一樣堅持的人，堅持要讓自己更好，堅持一定要把自己交給一個懂得珍惜跟互相的人。

　　直到妳終於遇到那個值得「依靠」的人，妳會感覺到、也才會真的明白，原來真正的「依靠」並不是妳單方去靠近，而是兩個人都想緊緊「互靠」。互靠才會穩，互靠才能走得遠，互靠才會不管妳身在何方，都覺得溫暖。

45. 謝謝自己的勇敢

　　每個人都有他的「人生景點」——那些妳因為某個人,而記憶深刻的地方。妳可能會漸漸淡忘他,可是妳很難忘記那個「人生景點」,因為那是妳曾經在一份愛裡,最快樂或者最悲傷的樣子。

　　每個人的「人生景點」都不一樣,妳的快樂地卻可能是另外一個人的傷心之所,但那同樣是我們因為某個人而對自己的愛與恨:我們在愛情很快樂的時候放縱自己去付出;在愛情已經很傷心的時候還要更傷害自己,我們在年輕時候的愛情其實並不健康。

　　那天當我又回到我的一個「人生景點」,那是我念大學時的校園,很多景物都跟我記憶裡的不一樣了。可是我還記得那些角落,就好像妳也一直記得的那些場景:那是妳很開心地跟他說話,你們可以一直聊天,沒有人想要停,妳從不知道自己可以跟

189

某個人有這麼多的話可以說，妳看著那個角落，那是一個開心的地標，而妳當時就是因為太留戀那個標記，於是才走不開。

還有另外一個角落，那是妳守候他的角落，妳經常在那個地方等他，每次等到他妳就會開心得笑出來；後來那裡變成一個最傷心的角落，因為他已經不再出現，多年後妳還是那麼輕易就在那裡看見了，當時那個還在倔強等著的自己。

我沒有想到，自己竟然會在多年後，再回到這些人生景點；就好像我們當時也不肯相信，自己竟然有可能再站起來。而當時曾經那麼酸澀的，現在再重新看，也都有了不同的滋味，妳的世界變得更大，妳變得更好、更強，原來那就是「走出來了」的滋味。

當時我們執著地認為無可取代的人，現在看起來也不再是妳生命裡的「最好」。妳終於明白那些沒有留下來的「最好」，大多數不是因為他們真的很好，而是他們擁有一種「天分」，一種只要付出一些時間，就可以翻騰妳的人生，讓妳付出很大代價的天分。

於是妳開始慶幸，原來「好傷心」，經常也是一場「好」的傷心，有些人注定是天敵，好在妳只是傷心一場，並沒有毀掉終生。

前幾天我看見有位讀者在我的臉書留言，她剛從澎湖回來，那是他們從前去過的地方，她在分手後一年決定自己一個人去，重新走過那些他們曾經走過的地方，她把那趟旅程叫做「重生之旅」。

　　有些人把重遊「人生景點」當作一場壯闊的重生之旅；也有的人像我這樣靜靜地走過。可是我們都同樣在那趟時光倒轉的行走裡，有了此刻最新的體會：從前妳覺得，那就是緣分；現在妳更知道，不只緣分，還要有心，才能成為幸福。

　　在人生景點裡，在那些今昔的對比裡，妳更確定了自己的珍貴，因為每一場愛都讓妳更增智慧。妳想謝謝那些人，謝謝那些遭遇……但其實妳最想謝謝的，是勇敢的自己。是自己後來又勇敢地向前走了，才成就了今日更好的妳。

　　我走出校園，我還要去轉角的那間冰店，吃我最愛的紅豆牛奶冰，我剛剛發現它還在，就那樣頭也不回地朝它走去……

　　什麼時候，去重遊那些讓妳更美麗的「人生景點」呢？

國家圖書館出版品預行編目資料

不只相愛，也要努力走到幸福 / 角子 著 .--- 初版 .--
臺北市：平裝本 . 2016.1 面；公分（平裝本叢書；
第 448 種）（角子作品集；02）
ISBN 978-986-93793-3-5（平裝）

1.戀愛 2.生活指導

544.37　　　　　　　　　　　105022327

平裝本叢書第 448 種
角子作品集 02

不只相愛，
也要努力走到幸福

作　　　者—角子
發　行　人—平雲
出版發行—平裝本出版有限公司
　　　　　台北市敦化北路 120 巷 50 號
　　　　　電話◎ 02-2716-8888
　　　　　郵撥帳號◎ 18999606 號
　　　　　皇冠出版社（香港）有限公司
　　　　　香港銅鑼灣道 180 號百樂商業中心
　　　　　19 字樓 1903 室
　　　　　電話◎ 2529-1778　傳真◎ 2527-0904
總 編 輯—許婷婷
美術設計—劉悅德
著作完成日期— 2016 年 10 月
初版一刷日期— 2017 年 1 月
初版九刷日期— 2023 年 11 月
法律顧問—王惠光律師
有著作權 · 翻印必究
如有破損或裝訂錯誤，請寄回本社更換
讀者服務傳真專線◎ 02-27150507
電腦編號◎ 417044
ISBN ◎ 978-986-93793-3-5
Printed in Taiwan
本書定價◎新台幣 280 元 / 港幣 93 元

●皇冠讀樂網：www.crown.com.tw
●皇冠 Facebook：www.facebook.com/crownbook
●皇冠 Instagram：www.instagram.com/crownbook1954
●皇冠蝦皮商城：shopee.tw/crown_tw